COACHING PARA LÍDERES

Diseño de tapa
MDV

LAURA FIERRO EVANS

COACHING PARA LÍDERES

Un aporte desde la práctica

GRANICA

BUENOS AIRES - BARCELONA - MÉXICO - SANTIAGO - MONTEVIDEO

© 2013 *by* Ediciones Granica S.A.

ARGENTINA
Ediciones Granica S.A.
Lavalle 1634 3° G / C1048AAN Buenos Aires, Argentina
Tel.: +54 (11) 4374-1456 Fax: +54 (11) 4373-0669
granica.ar@granicaeditor.com
atencionaempresas@granicaeditor.com

MÉXICO
Ediciones Granica México S.A. de C.V.
Valle de Bravo N° 21 El Mirador Naucalpan Edo. de Méx.
(53050) Estado de México - México
Tel.: +52 (55) 5360-1010 Fax: +52 (55) 5360-1100
granica.mx@granicaeditor.com

URUGUAY
Ediciones Granica S.A.
Scoseria 2639 Bis
11300 Montevideo, Uruguay
Tel: +59 (82) 712 4857 / +59 (82) 712 4858
granica.uy@granicaeditor.com

CHILE
granica.cl@granicaeditor.com
Tel.: +56 2 8107455

ESPAÑA
granica.es@granicaeditor.com
Tel.: +34 (93) 635 4120

www.granicaeditor.com

ISBN 978-950-641-772-7

Hecho el depósito que marca la ley 11.723

Impreso en Argentina. *Printed in Argentina*

Fierro Evans, Laura
    Coaching para líderes : un aporte desde la práctica . -
1a ed. - Buenos Aires : Granica, 2013.
    216 p. ; 15x22 cm.

    ISBN 978-950-641-772-7

    1. Liderazgo. I. Título
CDD 658.409 2

ÍNDICE

Vivo en un mundo poblado de palabras ajenas. Y toda mi vida, entonces, no es sino la orientación en el mundo de las palabras ajenas, desde asimilarlas, en el proceso de adquisición del habla, y hasta apropiarme de todos los tesoros de la cultura.

Mijail Bajtín: *Estética de la creación verbal*

A mis padres, Manuel y Mary, cuyas voces
me habitan desde siempre.
A Alex y Damián, porque a través de la mía
recibieron el eco de sus abuelos.
A Paola, Andrea y Gabriel, que escuchan
en la voz de sus padres el eco
y el vibrar de voces de cuatro culturas
que los anteceden.

AGRADECIMIENTOS

Agradezco a cada uno de los muchos clientes que han servido de inspiración a esta obra. El personaje al que nombré Miguel está conformado por el eco de unos y otros, amalgamados en el recuerdo.

Mi especial agradecimiento a Alejandro, Jesús y Jorge, ustedes saben por qué.

A Pilar Padilla y Hernán Ruiz, por las ilustraciones con las que dan vida a esta obra.

A Flavio Rojo Pons, corrector de todos mis textos, comentador de todo lo que he publicado, por tu paciente y sabia voz.

PRÓLOGO

El coaching, tal como lo entiende la Federación Internacional de Coaching, es un proceso que amplía la conciencia de quien lo recibe, permitiéndole desarrollar su potencial a través de la estimulación de un proceso creativo de pensamiento y de salvar los obstáculos internos.

A través de una conversación semiestructurada, el coach apoya el proceso cognitivo y creativo del cliente mediante el uso de una escucha excelente y de preguntas formuladas que lo estimulan a expandir su punto de vista y los límites de su conciencia. La conversación termina cuando el mismo cliente identifica nuevos comportamientos que puedan acercarlo más a la realización de sus objetivos y se consagra a integrar estos nuevos comportamientos en su propio repertorio.

El coaching actúa por lo menos en dos niveles. En el nivel transaccional, permite lograr un objetivo específico de mejora de la propia eficacia, y en el nivel de desarrollo enseña al *coachee* nuevos modos de reflexionar para enfrentarse a sus propios retos. Pero hay un tercer nivel sobre el cual el coaching también puede trabajar, se trata del nivel transformador, aquel en el cual el cliente redefine su proceso de significación con respecto a sí mismo, a su propia identidad y a las circunstancias de su ambiente. Robert Kegan, profesor en la Universidad de Harvard, indica que el aprendizaje transformador sucede cuando alguien cambia no solo el modo en que se comporta, no solo el modo en que percibe la realidad, sino también el modo en que aprende. Por lo tanto, no solo aquello que aprende sino el modo en que lo aprende.

> Puede añadirse nueva información a las cosas que una persona conoce, pero la transformación cambia el modo en que esta conoce dichas cosas.[1]

Tras varios años de trabajo en el ámbito de la transformación personal y colectiva, me he ido formando una idea cada vez más precisa de qué es lo que produce una intervención transformadora y de cuáles son los elementos que la convierten en tal. Mi experiencia me lleva a identificar tres elementos fundamentales en los procesos de transformación.

1. Separación del *coachee* de aquello con lo que se identifica.

 Mientras las emociones, convicciones, mentalidad, personalidad y los comportamientos sean "sujeto" con relación al *coachee*, estas experiencias permanecerán invisibles e inconscientes, ya que este último se identifica con ellas y es incapaz de considerarlas como distintas de sí mismo. Por lo tanto, no está en condiciones de ponerlas en tela de juicio. El *coachee* no puede observar ni reflexionar acerca de las partes de las cuales es "sujeto". En cambio, cuando, en el proceso de coaching, el *coachee* logra desplazar estos elementos de "sujeto" a una posición de "objeto", diferentes y separados de sí mismo, entonces puede observarlos, valorarlos, cuestionarlos y modificarlos. De esta manera, el *coachee* logra responsabilizarse plenamente de ellos.

2. La plena conciencia de que cada enojo devela la proyección de una parte desconocida.

---

1. Kegan, R.: *In over our heads: the mental demands of modern life*. Harvard University Press, Cambridge, 1994.

Asumir plena responsabilidad por las propias emociones, convicciones, mentalidad, personalidad y los
comportamientos predominantes –o "primarios",
para usar el lenguaje del *Voice Dialogue*– significa para
el *coachee* hacerse consciente de que cada disgusto,
cada comportamiento de los demás que "oprima sus
botones" y lo haga reaccionar, no es otro que la proyección sobre el otro de una parte de sí mismo que
el *coachee* no logra aceptar –su parte de "sombra"–.
Desarrollar esta conciencia permite al *coachee* tomar
decisiones conscientes y estar siempre en un "punto
de elección" en vez de dejarse gobernar inconscientemente por las emociones, miedos, hábitos, y ser víctima de los demás o de las circunstancias.

3. Integración de las "polaridades".
Cuando el *coachee* logra separarse de aquellas partes
de sí mismo que gobiernan su comportamiento y empieza a observar, apreciar e integrar las polaridades
opuestas; es decir, sus proyecciones o partes de "sombra", inicia un proceso de reestructuración del ego
de manera expansiva, evolutiva y transformadora. El
coachee deja de identificarse con esta o aquella emoción, este o aquel comportamiento, esta o aquella
ideología, y desarrolla la capacidad de sentirse a gusto
en la dialéctica en vez de abrazar un solo polo. De esta
manera, el *coachee* logra armarse de confianza personal en cualquier situación, especialmente en aquellas
donde reinan la ambigüedad y la incertidumbre, cualidad imprescindible para afrontar los retos de esta
época marcada por cambios sin precedentes.

El modelo del "equipo interno" descrito por Laura con-
tiene la sustancia de una poderosa intervención transformadora, ya que facilita los tres elementos que acabo de

describir. Sus orígenes provienen del trabajo de Hal y Sidra Stone, quienes, a partir de los años '70, desarrollaron la llamada "Psychology of Selves". Esta metodología invita a pensar en el "yo" y en el "mí" no como una entidad coherente, sino como una combinación de "personas" distintas (o voces distintas), que todas juntas forman aquello que experimentamos como el "yo". Todo aquel que haya experimentado alguna vez dificultad al tomar una decisión importante, ha tenido la experiencia en primera persona de la dinámica a veces confusa entre las diferentes "personas" que habitan dentro de sí mismo, sus posiciones, sus necesidades y sus aspiraciones conflictivas.

El diálogo del "equipo interno" ofrece, de modo análogo, una metodología para explorar, comunicar y trabajar con las varias "personas" de un cliente. El diálogo del "equipo interno" en el contexto del coaching facilita cambios de conciencia poderosos que van más allá del aprendizaje y representan un proceso transformador.

Con un lenguaje simple y una narración fluida, Laura regala al coaching, con el modelo del equipo interno, un instrumento de gran valor e impacto.

Giovanna D'Alessio, MCC
Presidenta de la ICF Internacional entre 2010 y 2011
(Traducción del italiano de Berenice Font Zorrilla)

CAPÍTULO 1

EL COACHING DEL EQUIPO INTERNO

A lo largo de mi vida he comprobado que las teorías son todas relativas y que nos "adueñamos" de las que nos resuenan más, ya sea por nuestra experiencia personal, por nuestros valores o por el resultado que obtenemos al implementarlas. Debo confesar que antes de encontrarme el día de hoy escribiendo estas líneas recorrí muchos caminos, buscando distintas perspectivas que me aportaran datos significativos para entenderme y para entender mi mundo y mi forma de relacionarme.

El día en que tuve mi primer acercamiento con el enfoque y la metodología que aquí presento, estaba tan abrumada que no fui consciente de la manera en que mi vida cambiaría, ni de cómo eso que acababa de probar por vez primera me permitiría, unos meses más tarde, atravesar –como Harry Potter en el andén nueve y tres cuartos– un Muro de Berlín interno, y con él un océano –ese sí real, el Atlántico– para regresar a mi patria después de 10 años de vivir en Alemania. De ahí lo agradecida que estoy con ese país, donde conocí la peor de mis cárceles interiores, pero también encontré la vía de liberación personal llamada coaching del equipo interno.

Cuando en 1993 generé un plan estratégico para estar de regreso en México al año siguiente, también me propuse una segunda meta, que era convertirme en coach, para ser capaz de facilitar en otros un proceso de transformación personal por lo menos tan poderoso como el que yo había experimentado en carne propia. Esta sería mi forma de devolverle al mundo lo que había tenido el privilegio de recibir.

Varios años pasaron antes de que me entrenara, me certificara y buscara el acercamiento a la que fue la fuente de mi pasión por el coaching. Esa fuente se encuentra en parte en Alemania (como metodología aplicada), y como buena hija de nuestra era que es, sus padres y madres se hallan dispersos por distintas áreas del conocimiento.

Mi intención en esta sección del libro no es hacer un análisis exhaustivo o académico de autores que el lector puede consultar por su cuenta, sino mostrar, conversar, escuchar distintas voces que considero significativas para la comprensión del enfoque y de la metodología del coaching del equipo interno.

Espero despertar la curiosidad por experimentar con este poderoso vehículo para potenciar los talentos de los clientes de coaching, si el lector es un coach profesional en busca de herramientas eficaces de trabajo. Y en caso de que el lector sea un ejecutivo, un gerente o un directivo de empresa, espero despertar en él el deseo de adentrarse en el fascinante mundo de la exploración de su vida interna, con el fin de garantizar que en cada una de sus interacciones ponga en la cancha a sus mejores jugadores.

Como puntos de partida, sostengo que:

• No solo los individuos, sino también las distintas disciplinas del conocimiento se conforman y transforman gracias a una gran variedad de voces. Esto se aplica especialmente al coaching, como una profesión de reciente creación, alimentada por la psicología, la filosofía, la sociología, la comunicación, la investigación neuronal y la biología, la teoría de sistemas y muchas más.

• El coaching, como voz, se constituye de y a la vez alimenta a otras voces que, en su línea más lejana, se remontan hasta varios siglos antes de Cristo y pertenecen al pensamiento budista.

• El hecho de estar constituida por otras voces no significa que la del coaching carezca de timbre y volumen propios, sino todo lo contrario: es una voz cada vez más sonora, más trabajada, más estudiada, y que despierta más y más eco en todo el mundo a partir de los resultados que obtiene.

• La riqueza de esta nueva aproximación al comportamiento humano radica en su capacidad de unir, de ligar, de interconectar aportaciones que habían estado aisladas unas de otras, y que al ser reunidas crean formas poderosas, inspiradoras, como ninguna otra disciplina había podido lograr.

• En ocasiones, la voz de la ciencia –que incluye, por supuesto, a las de las ramas humanas y del comportamiento– descalifica cualquier forma interpretativa que contradiga los modelos que creó en su comprensión de "eso" que considera la "verdad". El coaching, en cambio, reconoce la existencia de una cantidad de verdades igual a la cantidad de voces hablantes y pensantes que suenan en el planeta. Es un aporte hacia la comprensión de la diversidad.

• Todas las voces que habitan en un ser humano son bienvenidas y puestas al servicio del coaching. Si alguien fue en épocas pasadas ingeniero, contador, arquitecto, bohemio, viajero incansable, ecologista, madre, padre, rebelde sin causa o misionero en la selva, todo se suma a su propio "capital de voces", gracias a las cuales será capaz de escuchar y empatizar con clientes que estarán en una sala esperando que se presente como su coach. Es decir, la experiencia de vida es un capital importante que cada persona trae al coaching.

• Vivimos apegados a lo que creemos que es nuestra identidad, como si se tratara de un fenómeno permanente, rígido. ¿Qué es lo que hace, por ejemplo, que un gato sea gato y no otra cosa? ¿El hecho de maullar, el pelaje, las patas, la genética, los bigotes, su forma peculiar de saltar, el ronroneo o el ser cazador de pájaros? Si intento separar alguna de estas cualidades y la exagero en mi afán de definir que "eso" es lo que distingue al gato de cualquier otro animal, con seguridad cometeré un grave error. Es la interdependencia de todas sus características lo que lo convierte en el gato que es. Y tampoco se trata nada más de la suma simple de características lo que constituye su unidad, sino que es una forma específica de relacionarse con sus semejantes y de relacionarse con su medio ambiente produce como efecto el animal peludo llamado gato. De la misma manera, los seres humanos, que incorporamos muchas más variables, estamos constituidos por una serie enorme de elementos interdependientes. De este modo, si quiero describir mi identidad apenas en términos de una parte, estoy cometiendo una simplificación y empobreciendo mi persona y mi percepción del mundo. ¿Es posible que haya alguien que sea solo "inteligente" y en su ser no exista lo "tonto"? ¿Que no haya una sola acción, área, habilidad, para la que no pueda decirse tonto? ¿Es posible solo ser un inútil, o solo un vago, o un bueno y trabajador? Si al lector le interesa profundizar más en este tema puede elegir entrar en él desde las enseñanzas del budismo o la filosofía griega, la literatura, la psicología contemporánea o la biología. Me interesa rescatar el hecho de que en la sociedad occidental hemos crecido con la idea de ser "alguien" ("yo soy así") y, como consecuencia, nos aferramos a esta idea sobre nosotros mismos. El resultado es que negamos u ocultamos la mitad –o más– de lo que somos. Por ende, al crearnos una versión reduccionista de quienes en realidad somos, limitamos también nuestra capacidad para ser efectivos en la vida.

• ¿Qué mejor acercamiento a la realidad múltiple de nuestro planeta, que uno que reconcilie de entrada la diversidad en el interior de nosotros mismos, la abrace, la trascienda y genere niveles más elevados de conciencia desde los cuales operar con un profundo sentido humano?

Como dije al inicio, estos son puntos de partida. A mí me han dado sentido y me resuenan con la experiencia de quien soy, y desde ese lugar los comparto, por si alguno encuentra también sentido en ellas y en las consecuencias que conllevan para su práctica de coaching y para su vida.

CAPÍTULO 2

LA ANUNCIACIÓN

Una mañana, el gerente de Operaciones, jefe directo de Miguel, lo llamó a su oficina para informarle que, después de una evaluación de desempeño, el comité directivo lo había seleccionado para que llevara a cabo un proceso de coaching.

Miguel y su jefe ya habían hablado en otras ocasiones con respecto a sus oportunidades de ascenso, y la contratación de una coach era la forma en que la empresa se hacía cargo de sus necesidades. Como los dos sabían muy bien, un factor importante de la cultura de la empresa es la generación de planes de carrera. El comité consideró que Miguel estaba convirtiéndose en un cuello de botella para la gente que venía debajo de él, y que sería necesario, en un futuro cercano, ver qué posibilidades de crecimiento podía tener.

En resumen, el gerente de Operaciones le dijo lo siguiente:

"Te hablé ya muchas veces de que tu papel como gerente no es enfocarte solo en el trabajo diario y en resolver emergencias como un bombero, sino que debes delinear planes a mediano plazo."

"Debes aprender a delegar y dejar de hacer tú solo todo el trabajo, asignar a tu gente planes concretos y tareas específicas a las que puedas darles seguimiento."

"Necesitas tomar decisiones basadas en la información que debes estar recolectando y no en lo que se te ocurra."

"Veo que evades las tareas difíciles o la toma de decisiones que requieren más atención de tu parte, y en cambio pierdes el tiempo en cosas que tu equipo podría resolver."

"Necesito verte trabajando en equipo con los demás gerentes para que te quede claro que la producción solo sale bien si te coordinas con calidad, mantenimiento, logística e ingeniería."

"Y tu inglés, ¿cómo está? Bien sabes que en el siguiente nivel el 80 por ciento de la gestión se hace con Alemania, y que las juntas del consejo son en inglés. ¿Estás asistiendo a tus clases?"

"Así que, Miguel, espero que este proceso de coaching te ayude, porque de lo contrario se limitarán mucho tus posibilidades de crecimiento en la empresa."

Amén.

En un instante, Miguel sintió que acababa de ser expulsado del cielo y lanzado al purgatorio. La descripción de la realidad que estaba escuchando de su jefe contrastaba con su profunda certeza de estar en la "cumbre de su carrera", ya que nunca se había puesto a pensar en que podría haber algo más allá de lo que hacía en ese momento.

"Si la cumbre es la cumbre, ¿no? –pensó–, ¿qué puede haber distinto? ¡Si ya llegué!"

Sin que se diera cuenta, lo invadió otra voz como si fuera un "otro yo", un "duendecito" que le dijo:

"Seguro que esto tiene que ver con los conflictos con Mauricio, el de calidad, ese junior engreído, pagado de sí por venir de escuelas privadas, que siempre busca la manera de hacerte quedar mal para sentirse superior. Y tú lo único que haces es quejarte y criticarlo, porque sabes que en el fondo el tipo es más que tú."

"Pero de ahí a ser cuello de botella... A que me puedan cortar el cuello... ¡Si soy el que está buscando cómo resolver todos los problemas y cargo con todo lo que pasa en el área para lograr los objetivos!", dijo en su defensa otra voz interna.

Sencillamente, Miguel dejó de respirar y el sudor empezó a correrle, espeso, por la sien. Todo parecía indicar que estaba teniendo una revuelta interna de voces peleando por tener la razón, que lo dejaba pasmado, congelado, ensimismado, sintiéndose cada vez más y más pequeño, más frágil, vulnerable.

"¡Trágame tierra, trágame tierra!"

De repente recordó la imagen de ese día en que el profesor de física lo humilló frente a todo el grupo porque respondió mal a una pregunta, y esa vergüenza escandalosa lo movió a querer cavar un pozo para meter la cabeza como un avestruz.

"Si soy el exitoso geren…", quiso alguien ahí, en su orquesta interna, sugerir; pero esa voz quedó enterrada por otra, que empezó a retumbarle en los oídos. Una voz que reconoció de inmediato, por haberla escuchado una y otra vez a lo largo de toda su vida:

"No vales. No eres suficientemente bueno. Eres inferior –le decía–. Aunque el niño salga del campo, el campo no sale del niño, así que no te lo creas. Ellos tienen razón. ¿Cómo te pones cuando llegan las visitas de Alemania o de Estados Unidos y les tienes que presentar algo? ¡Te pa-ra-li-zas! Tartamudeas mucho más que de costumbre y te pones rojo como un tomate. Hasta que entra en escena Mauricio, el junior, y sale al rescate con una increíble soltura en inglés, a partir de la cual se hace más contundente tu tamañito frente al suyo."

Un nuevo pensamiento lo invadió:

"Y entonces… ¿será todo mentira? ¿Seré un impostor? ¿Y si no logro lo que esperan de mí, me corren? ¿Y mis papás? ¿Y mis hermanas? ¿Y mi esposa y mis hijos? ¡Me muero! ¡No, no, no!"

Luego sonó de nuevo esa voz desconfiada:

"Una coach. ¿Qué es eso? ¿De dónde la habrán sacado? ¿Será los oídos del gerente? ¿Será alguien de Recursos Humanos o uno de esos que recomiendan despedir gente una vez que les han sacado sus "secretos"? Claro, esto es lo que debo hacer: piensa mal y acertarás. Con esa coach voy a tener que ir con cuidado con lo que diga."

Al llegar a su casa esa noche, sacó un vaso de la alacena para servirse agua. Lo hizo con tanta fuerza que rompió el vaso y se cortó un dedo. Terminó en urgencias para recibir unos puntos.

"Con sangre la pagas", le dijo una de sus tantas voces internas varias horas después, justo antes de que pudiera quedarse dormido gracias al analgésico que tomó.

CAPÍTULO 3

VOCES QUE DEJARON HUELLA

Como el cuerpo se forma inicialmente dentro del seno materno, así la conciencia del hombre despierta envuelta en la conciencia ajena.

Mijail Bajtín: *Estética de la creación verbal*

Con la finalidad de adentrarnos en la diversidad interior que tenemos los seres humanos, a continuación presento algunas descripciones personales –que son a las que más fácil acceso tengo–, acompañadas de citas de los autores que dieron origen al "Modelo del equipo interno", tanto desde la filosofía, como desde la psicología y la literatura. Mi pretensión es reflejar lo propuesto por los autores desde mi experiencia personal.

Uno de los recuerdos más antiguos que tengo data de cuando tenía cinco años de edad. Mi hermana –la cuarta de una familia de cinco, de la que soy la más joven– recién había entrado a la escuela primaria, en un enorme colegio de monjas, donde escuchaba a diario la distinción entre "lo bueno" y "lo malo"; y sentía la imperiosa necesidad de "salvarme", dado que yo aún no sabía esas cosas "de grandes".

El día al que hago referencia, me explicó con mucha seriedad cómo "los paganos van al infierno y se queman en el fuego eterno". En ese mismo momento me ordenó dejar para siempre el robo furtivo de galletas que hacíamos por las tardes, mientras mi madre estaba distraída y lejos de la cocina. Dijo que eran "actos del demonio" y que si no dejaba de robarlas, me quemaría en la eternidad. Ella, en su calidad de "mayor", debía protegerme de semejante peligro, por lo menos hasta mi entrada en la escuela y mi consiguiente adoctrinamiento. En el mismo acto proclamó que no volvería a tomar las llaves de la alacena nunca más, así que opté por seguir robando sola, en la clandestinidad. Aquella conversación no solo trajo a mi precaria conciencia el aspecto moral de mis acciones –hasta entonces inocentes–, sino que sentó también un precedente sobre lo que serían los juegos abiertos y los juegos secretos en mi vida; sobre una voz que obedecía y la otra que se rebelaba y se negaba a creer la historia del infierno.

Me interesa rescatar de aquel evento el hecho de haber contactado, en ese momento y en ese lugar, por primera vez –de forma más o menos consciente– con la dualidad, la polaridad, la contradicción de los opuestos: por una parte, la niña que actúa libre de prejuicios, espontánea y siguiendo sus impulsos; y por otro, la hermana que aparece *a posteriori* para darme las correspondientes lecciones; pero sobre todo, aceptar una voz que con el paso del tiempo se volvería fundamental en mi vida. Muchos años después llamé oficialmente "Pinocho" a esta voz original, mía; a la voz de mi hermana la llamé "Pepe Grillo" y se convirtió en la voz de mi conciencia, dedicada a procesar moralmente lo que yo hacía. Lo que quiero transmitir es que por mucho tiempo esa voz fue suya, pero que sin darme cuenta la fui tejiendo con la mía hasta que pasó a formar parte del concierto de voces que al día de hoy me constituye.

Todo lo que a mí concierne llega a mi conciencia, comenzando por mi nombre, desde el mundo exterior a través de la palabra de los otros, en su tonalidad emocional y valorativa. Valoramos nuestro propio ser desde el otro, buscamos conocernos a través del otro, vemos nuestra exterioridad con los ojos del otro, orientamos nuestra conducta en relación con el otro, construimos nuestro discurso propio en referencia al discurso ajeno, entrelazado con este, en respuesta a él y en anticipación a sus futuras respuestas. En el mismo sentido, debido a nuestra situación de exterioridad con respecto al otro, poseemos una parte de este que lo completa, un "excedente de visión", que es accesible solo a nosotros en virtud de nuestra ubicación relativa respecto de aquel. Es así, con la ayuda del otro, como el yo construye su identidad.[1]

Las voces entran también a través del canto y quedan grabadas en los circuitos de la memoria cultural, como lo hizo el himno de Costa Rica, patria de mi madre, que a través de su repetición quedó grabado en mi mente como si fuera yo un habitante del paraíso terrenal del que ella salió y al que yo, como su hija, accedía a través de "Los cuentos de la tía Panchita" y de sus canciones tradicionales.

Cuando llegó mi turno de entrar en la primaria –sí, en ese mismo enorme colegio de monjas al que iba mi hermana– desperté a la conciencia de otras voces altamente seductoras, como la del francés, por ejemplo. Descubrir que no solo existía mi propio idioma, sino que podía hablar del pájaro que canta en la ventana de una manera tan graciosa, diciendo *l'oiseaux chante à la fenêtre,* era algo mágico y divertido a la vez.

Con la llegada del idioma vino una forma peculiar de escuchar sonidos e imitarlos, pero lo más importante fueron esos artefactos de una cultura ajena, que a fuerza de escucharlos, recitarlos y reproducirlos fueron convirtién-

---

1. Alejos García, José: "Identidad y alteridad en Bajtín", *Acta Poética*, 27 (1) Primavera. Universidad Nacional Autónoma de México, 2006.

dose también en partes mías. El canto de *La Marsellesa* se sumó al "Massiosare" (nombre popular que se le da al himno nacional mexicano, en alusión a una de sus estrofas: *Mas si osare un extraño enemigo*), y al himno nacional costarricense. Se conformó una serie de patrias internas que entraron en mí sin permiso y a las que sentía que debía mostrar lealtad a petición del público. Así, la pluralidad, la diversidad, la variedad fueron elementos clave en la constitución de mi identidad.

> *No podemos abstraer un pensamiento del entorno en que se genera, ni de la red de vínculos que lo conforman. Por lo tanto, no se trata de plantear, como sostuvo Ortega y Gasset, "yo soy yo y mi circunstancia"; sino más bien "yo soy yo con el otro en nuestra circunstancia".*
>
> José Alejos García: "Identidad y alteridad en Bajtín"

Otras voces que me dejaron una profunda huella provienen de la literatura. Cuando era bastante pequeña como para entenderlo cabalmente, leí *Demian*, de Hermann Hesse, y aún así fue una lectura que me quedó clavada en el corazón. Me vi como en un espejo en esa dualidad de un mundo poblado por Abeles manipuladores, que sacaban provecho de su posición de víctimas, y Caínes estigmatizados, que en el fondo eran más honestos que los autoproclamados "buenos". Atrapada por el mundo de Hesse, pasé a devorarme *El lobo estepario*, que me abrió aún más el abanico de seres que habitaban en mi interior.

Confieso que aún hoy releo y reconfirmo lo mucho que me hace sentido su descripción.

> *En realidad ningún yo, ni siquiera el más ingenuo, es una unidad, sino un mundo altamente multiforme, un pequeño cielo de estrellas, un caos de formas, de gradaciones y de estados, de herencias y de posibilidades. Que cada uno individualmente se afane por tomar a este caos por una unidad y hable de su yo como si fuera un fenómeno simple, sólidamente conformado y delimitado claramente: esta ilusión natural a todo hombre (aun al más elevado) parece ser*

una necesidad, una exigencia de la vida, lo mismo que el respirar y el comer (…).

La ilusión descansa en una sencilla traslación. Como cuerpo, cada hombre es uno; como alma, jamás (…) El hombre es una cebolla de cien telas, un tejido compuesto de muchos hilos.[2]

Una ilusión, dice Hesse. En la sociedad occidental hemos crecido con la idea de estar constituidos por una especie de ser sólido, "yo", y como resultado nos aferramos a cierta idea sobre nosotros mismos. Esta identidad comienza por la apropiación que hacemos de nuestro nombre, con todo lo que este significa para nosotros. La identidad que crea alguien llamado Moisés será distinta si su padre, su abuelo y bisabuelo así se llamaban, de si es el primero en recibirlo.

Al nombre se le van añadiendo una serie de propiedades, cualidades y características que van adquiriendo cuerpo y consistencia durante nuestro desarrollo. Las voces que escuchamos en la infancia y que afirman algo de nosotros una y otra vez, se vuelven realidad, no solo en nuestro actuar, sino sobre todo en nuestra mente. Así, si Moisés escuchó repetidamente "eres inteligente, eres generoso y considerado", su sentido de identidad se va haciendo cada vez más sólido en ese sentido, hasta que sostiene esa afirmación como si fuera una verdad universal e incuestionable. Sus elecciones de vida y su forma de relacionarse con los demás estarán naturalmente impregnadas por lo que "es posible" para él, desde este marco al que reconoce como su identidad. Por el contrario, si lo que Moisés escuchó repetidamente fueron juicios como "eres un inútil, descuidado y desconsiderado", y además se apropió de ellos, muy probablemente será alguien que de adulto, con sus acciones, cumpla con ese patrón y se vincule consigo mismo y con su contexto de formas que refuercen esas creencias sobre sí mismo.

---

2. Hesse, Hermann: *El lobo estepario*. Alianza Editorial, México, 1998.

En nuestra mente vamos conformando esos que se llaman "modelos mentales"[3] o mapas que nos ayudan a transitar por el territorio de la vida y encontrar sentido a lo que nos sucede.

Desde pequeños, entonces, aprendemos a cubrir necesidades básicas de afecto, atención, cuidado y aprobación con estrategias que nos van resultando más o menos exitosas. Y creemos en la ilusión de que "así nacimos", "así somos" y "así seremos". Si a esto le sumamos condicionamientos de cierto peso específico familiar o cultural, añadimos una "evidencia genética" de que no puede ser de otra manera: "Hijo de tigre, pintito"; "Los Pérez somos todos de 'carácter fuerte'"; "Los hombres de la familia, todos, acaban mal…".

Bajo este tipo de mapa las posibilidades de aprendizaje se vuelven limitadas. Nos reducimos a meros receptáculos de aquello que confirma nuestro mapa, y rechazamos todo aquello que lo contradiga, lo cuestione o lo pueda ampliar. Mientras más convencidos estamos de esa forma rígida de ser, menor será nuestra apertura y mayor nuestra disposición a defender con vehemencia a ese que creemos que somos, en contraposición a lo que creemos no ser.

Tenemos hasta ahora las siguientes claves de acceso:
1. Eso a lo que llamamos "nuestra identidad" no es lo mismo que "el ser". La identidad es la "historia" o ver-

---

3 El concepto de "modelos mentales" fue acuñado por el escocés Kenneth Craik en los años '40; los define como: "Creencias profundamente arraigadas, imágenes y supuestos que tenemos acerca de nosotros mismos, de nuestro mundo, de nuestras organizaciones y de cómo encajamos en ellos". Principios para entender los modelos mentales:
1. Todos los tenemos.
2. Determinan cómo y qué vemos, y cómo pensamos y actuamos.
3. Nos llevan a considerar nuestras inferencias como hechos.
4. Están siempre incompletos.
5. Influencian los resultados que obtenemos, y por lo tanto se refuerzan a sí mismos.
6. A menudo sobreviven a su utilidad.
7. Somos violentamente resistentes a cambiarlos o cuestionarlos.

sión que hemos construido sobre quiénes somos, y es limitada desde su misma concepción.

2. El hecho de sobreidentificarnos con ciertas características a las que consideramos nuestro "yo" nos conduce por un mapa limitante de la realidad que, a su vez, condicionará nuestras posibilidades de crecimiento y transformación.

3. Esas características con las cuales nos describimos se encuentran indiscutiblemente colocadas en contraste de otras que son sus opuestas, a las que rechazamos. Lo inteligente resalta gracias a que existe su opuesto, lo tonto. Luz y sombra. Bondad y maldad. Cara y cruz. Cielo y tierra. "Incontables pares de polos", como dice Hermann Hesse.

4. Es posible tomar distancia de eso que creemos que somos para distinguir entre "el ser" y "la historia" que hemos creado. Al separarnos, al poner distancia, descubrimos que yo no "soy" esa única cualidad o característica, sino mucho más. Ahí es donde damos cabida al aprendizaje transformador.

5. En la actualidad, connotados biólogos como Bruce Lipton, en su *Biología de la creencia,* confirman todo lo anterior desde la investigación celular y molecular. Desafían el determinismo genético del que creíamos ser víctimas y proponen formas de modificar nuestro pensamiento para ser dueños de nuestro destino. Otros, como Humberto Maturana, lo proponen desde la biología cultural.
El lector podría preguntarse: ¿cuántas versiones opuestas de mí mismo puedo descubrir?

35

CAPÍTULO 4

PERO... ¿QUIÉN ES MIGUEL?

Miguel Antonio Hernández Pérez tiene 35 años. Nació en la Damiana, Michoacán, una comunidad tan pequeña que apenas sus habitantes la conocen. Es corpulento, compacto como un armario, tiene un cuello muy grueso y corto y parece que cada uno de sus músculos se encuentra en permanente tensión. Tiene además la cara redonda y los cachetes regordetes, ojos muy grandes y la sonrisa congelada. Su mirada es huidiza, camina con los puños cerrados y un tanto agachado, como si llevara un gran peso sobre los hombros. El pelo le crece como púas y lo lleva siempre engominado. Su esposa le dice que tiene pasto en lugar de pelo. Un colega argentino que tuvo lo llamaba Manolito y hasta le llevó un ejemplar de *Mafalda*, para que entendiera la razón.

Primogénito de un total de 12 hermanos, Miguel llegó al mundo para perpetuar su linaje y ser, como su padre y su abuelo, mariachi. Para eso fue preparado mientras ayudaba en las labores de campo como los demás niños de su tierra, un lugar marginado donde la comida no era por cierto abundante en épocas de sequía, cuando ni siquiera maíz para tortillas se conseguía, y a él, sin que entendiera las razones, le tocaba ser el último en recibir comida, aunque en su lógica infantil, si su estómago era más grande que el de sus hermanos debía gozar de un pedazo proporcional a su tamaño, para no terminar con ese hoyo que, por haber probado tan solo la última costra, le dolía más que si se hubiera quedado con el hambre seca.

Con todo y este panorama a menudo desolador, la familia Hernández se distinguía del resto por esa peculiaridad que consistía en el intenso trabajo de los padres para formar a cada uno de sus hijos como miembro de una pequeña orquesta en la que todos los hermanos tocaban distintos instrumentos. Además, la madre les enseñaba canto y baile, en esas eternas horas de sol y de quietud del campo mexicano.

Así, los Hernández amenizaban las fiestas de la comunidad y las celebraciones religiosas, hasta que con el tiempo ganaron fama y reconocimiento en los pueblos aledaños, desde donde recibían continuas invitaciones para presentarse. Poco a poco, los padres cumplieron su sueño: mejorar sus condiciones de vida.

Miguel era el solista. Las jovencitas lo aclamaban por su voz y su madre se ilusionaba con la posibilidad de que algún día hasta pudiera cantar con el mariachi Vargas de

Tecalitlán, el más famoso del mundo. Pero ese no era el deseo de Miguel. Él quiso estudiar, terminar la secundaria. El padre hizo todo lo que estuvo en sus manos para convencerlo de que era incapaz de hacer otra cosa en la vida que cantar y ayudar a sacar adelante a la familia. Lo maltrató y lo entretuvo en todo tipo de labores para que llegara a la escuela sin haber hecho la tarea; pero Miguel se despertaba de madrugada y se ponía a hacerla a escondidas, atrás de la casa, en la letrina.

Logró su objetivo de ir a la secundaria, sin saber el costo que pagaría. Esos tres años los pasó con otro hoyo en el estómago, causado ya no por la carencia de un pan entero que comerse, sino por el hambre de aceptación e inclusión. Cuando se acercaba a grupos de compañeros en los recreos, algunos se burlaban de él, mientras otros le robaban sus lápices de la mochila para dejarle claro quién tenía el poder en esa escuela. Fue golpeado, agredido, discriminado. De esa etapa aprendió, y muy bien, a obedecer, a bajar la mirada, a someterse, a pasar inadvertido, siempre bajo el lema: "calladito estás más bonito". Y sobre todo, aprendió a guardar su rabia en un medio en el que llevaba las de perder.

Sus padres, mientras tanto, extrañaban al más talentoso de la orquesta.

Al finalizar la secundaria y de buenas a primeras, Miguel un día amaneció con una nueva certeza: quería ser ingeniero. Se le plantó a su padre después de la ceremonia de graduación y le comunicó lo que había decidido. Iría al bachillerato y luego al Tecnológico. Y no hubo poder en el mundo que lo hiciera desistir. Como un último intento, el padre le regaló una guitarra, le pidió que lo acompañara durante las vacaciones a una serie de bodas y fiestas de quince años para hacerle recordar su origen, su formación, la que debía ser su pasión; para convencerlo de que su destino estaba allí, en la Damiana, y no en las grandes ciudades, donde era un don nadie.

El esfuerzo fue en vano. Miguel ya era mayor. Había desarrollado estrategias de sobrevivencia y formas de moverse para lograr sus objetivos. Consiguió una beca para ingresar al bachillerato. Sin darse cuenta de las consecuencias futuras, cada paso que daba lo alejaba más y más del anhelo de su padre y lo acercaba a lo que él había convertido en su propio sueño: ser ingeniero.

Así como las vidas se mueven, cambian y evolucionan, muchas cosas pasaron en la vida de Miguel hasta que, en 2001, y después de enviar su currículum a docenas de empresas de todo el centro del país, lo llamaron para una entrevista y fue contratado por una gran empresa alemana del ramo automotriz con planta en Silao, Guanajuato. Por ser recién egresado, no esperaba ni buen salario ni una gran posición, y así fue como empezó desde abajo, "picando piedras" y mostrando su capacidad.

Curiosamente, sus movimientos existenciales se fueron dando en períodos de tres o de múltiplos de tres. Como si le hubiera quedado el hábito desde los tres años de secundaria, en otros tantos completó el bachillerato, terminó la carrera en 12 semestres y luego se inició como ingeniero de mantenimiento en turnos que rotaban cada tres meses, durante tres años. A continuación fue ascendido a supervisor de líneas de producción, y tres años después recibió la oferta para asumir el cargo de gerente de manufactura.

La misma noche que siguió a su primer día como gerente, su mujer quedó embarazada del primero de los tres hijos del matrimonio que nacieron, puntualmente, con un año de diferencia.

En la empresa, a Miguel lo llaman El Bombero, porque se lo pasa corriendo, sudando agobiado, para resolver las mil y una averías de la vida cotidiana en producción. Es el último que se va a la noche, después de las 10:00 pm, y es normal verlo corriendo también los fines de semana, doblemente apurado porque quiere irse a su casa, donde la esposa lo espera con reclamos causados por su devoción al trabajo que lo convierte en el fantasma del hogar.

—Como si alguien te lo fuera a agradecer –le dice, enojada.

Él, sin embargo, siente que así es la responsabilidad de un gerente y que todos los días debe mostrar su compromiso y su entrega para que la producción salga.

El único momento que Miguel tiene para estar a sus anchas es en el trayecto de ida y de regreso al trabajo, cuando toma la ruta que une León con Silao y va por el boulevard Delta, recién abierto, rodeando toda la ciudad por detrás. Le gusta ver los pocos campos sembrados que quedan y las comunidades rurales que atraviesa. A veces apaga la radio para respirar hondo, sobre todo después de haber pasado la noche sudando, angustiado por los problemas que no termina nunca de resolver. No importa cuánto se esfuerce, el peso parece cada vez mayor; y al agobio laboral se suma que carga económicamente con demasiada familia.

Su esposa siempre lo presiona para que se busque otro trabajo, con un sueldo que les alcance. Ella no sabe que casi la mitad de lo que gana Miguel se destina a otras obligaciones.

"No es de su incumbencia en quién gasto yo lo que gano", piensa él. Cinco de sus siete hermanos varones, uno a uno, fueron yéndose de inmigrantes ilegales a los Estados Unidos y nunca más se supo de ellos. Está financiando las carreras de sus dos hermanas menores y, además, envía religiosamente dinero para el resto.

Sus padres tuvieron que salir huyendo de la Damiana en 2009, cuando fue tomada por los "malillos", como llaman al cártel de "La familia michoacana" y comenzaron las disputas de territorio con los "malos malos": "Los Zetas" y "Los Otros", el Ejército. Viven en Apatzingán, donde el padre encontró un grupo de mariachis que lo recibieron, aunque la profesión esté decayendo. Para colmo, se pusieron de moda las "balaceras" en las bodas y hace poco el padre de Miguel "la vio cerca" cuando las ráfagas alcanzaron a su compañero el trompetista, y ahí quedó el son de *La Negra* resonando en el aire, acompañado por balazos, gritos y el cuerpo sin vida del pobre Samuel.

Miguel le insiste a su padre que deje de arriesgarse, para que vivan con el dinero que él les envía; pero el padre es necio y piensa que morir haciendo música sería la mejor de las muertes.

En la empresa nadie sabe nada de la vida privada o de la historia de Miguel. Nadie promueve conversaciones sobre el tema, ni él jamás pensaría en compartirlo, por temor a que se convierta en motivo de que alguien decida que no es digno de trabajar ahí.

"Quién sabe qué harían los jefes alemanes si se enterasen", piensa Miguel, y calla.

EL APRENDIZAJE COMO CAMINO

La gente podrá hacer cualquier cosa, no importa cuán absurda, con el fin de evitar enfrentar su propia alma.

Carl Jung: *Psicología y religión*

El aprendizaje ha sido estudiado desde todas las disciplinas y enfoques. Se ha dicho ya mucho sobre el tema. ¿Por qué es necesario también entrar en él al hablar de coaching? No solo porque el coach vive un proceso de aprendizaje continuo, sino porque la naturaleza misma de la interacción de coaching es un acto de aprendizaje.

El coaching es una disciplina que está teniendo cada vez mayor presencia y relevancia a nivel mundial. Cubre un espacio clave que la oferta de entrenamiento de adultos no contempla. Es clave porque concibe el aprendizaje desde el sujeto y no como si el aprendiz fuera un mero recipiente pasivo de lo que un experto o maestro le imparte.

El espacio de aprendizaje que aborda el coaching puede asociarse con lo que el psicólogo ruso Lev Vygotsky –creador del socioconstructivismo– llamó la "Zona de desarrollo potencial" de individuos y grupos:

La distancia entre el nivel de resolución de una tarea que una persona puede alcanzar al actuar de forma independiente y el nivel que puede alcanzar con la ayuda de un compañero más competente o experto en esa tarea. Entre la "Zona de desarrollo real" y la "Zona de desarrollo potencial" se abre la "Zona de desarrollo próximo", que es:

El espacio en el cual, gracias a la interacción y la ayuda de otros, una persona puede trabajar y resolver un problema o realizar una tarea de una manera y con un nivel que no sería capaz de tener individualmente.[1]

Tomando como base la definición anterior, podemos encontrar en la relación de coaching los siguientes elementos:

- El punto inicial para el aprendizaje es una "zona real", que se refiere a la situación actual en la que nos encontramos. Esta zona es también conocida como una zona "de confort" en alusión a lo cómodos que nos sentimos en ella. No necesitamos mucha atención ni mucha inversión de energía para ser exitosos en esa zona. Tenemos hábitos de pensamiento que nos ayudan a mostrar lo aprendido y podemos repetir nuestras conductas con facilidad y sin necesidad de un apoyo externo.

- Todos tenemos una zona potencial que podemos desarrollar como individuos y dentro de los grupos de los que formamos parte. Para llegar a esa zona de desarrollo potencial, se ponen en marcha varios motores: la necesidad, la curiosidad, la voluntad, el deseo de logro, la asunción de riesgos y la determinación. Esa zona potencial se nos abre como una oportunidad de crecer, de evolucionar, de transformar y expandir nuestra mente y, con ella, nuestra capacidad de ser efectivos.

---

1. Vygotsky, Lev: *Pensamiento y lenguaje.* Paidós, 1978.

• Gracias a la interacción con otros (en este caso, el coach) podemos desarrollar un nivel de resolución –y de conciencia– que no seríamos capaces de tener individualmente. La voz del otro sirve de espejo, acompaña, entiende, legitima, aprecia y alienta en la transición de la zona real a la zona potencial.

Más allá de la zona de desarrollo potencial se encuentra la zona de pánico. Aquella, en la que deja de ser placentero el aprendizaje para convertirse en sufrimiento y estrés. Es la zona en la que entramos en nuestra área de incompetencia y nos invaden el miedo, la inseguridad y la ansiedad. Es una zona en la que invertimos demasiado esfuerzo y obtenemos un resultado que no nos satisface. Vemos que otros ocupan la tercera parte del tiempo en realizar una misma tarea y su resultado es notoriamente superior. Sentimos que el costo que pagamos es mucho mayor que el beneficio que aporta el aprendizaje. Es una zona en la cual podemos enfermar. Es una zona de alto peligro y en la que no es recomendable entrar.

Hace algunos años tuve un proceso de coaching con un gerente de empresa. Se trataba de un ingeniero que había trabajado por más de 15 años en distintas áreas de manufactura y era un hombre de acción. Un gerente muy efectivo. Como una oportunidad de crecimiento dentro de la empresa, lo asignaron a un área nueva. Un área de diseño y planeación. Cuando inició el proceso de coaching llevaba ya un año en su nuevo puesto y cada día daba peores resultados. Se quedaba hasta las 22 horas en la oficina y nunca terminaba. La relación con su equipo y sus colegas se deterioraba cada vez más. Y es que fue "lanzado" a su zona de pánico. No se sentía competente en el manejo de los programas informáticos que necesitaba para el nuevo puesto. Percibía que sus habilidades para planificar eran muy limitadas y se desgastaba en su intento por controlar hasta el último detalle por miedo a equivocarse. Tenía temor a preguntar cosas que eran obvias para los demás y se fue aislando cada vez más para no ponerse en evidencia ante su equipo. No dormía bien por las noches y su nivel de estrés era alarmante. El coaching lo ayudó a darse cuenta de lo que había detrás de su enorme desgaste y a reconsiderar su posición dentro de la organización. Durante el proceso tuvo conversaciones con el director y al poco tiempo lo asignaron de nuevo a una función en el área operativa, donde logró desarrollar su potencial sin poner en riesgo su estabilidad física y mental.

El ejemplo anterior parece que nos habla de algo obvio. Solo que en la vida cotidiana lo único que podemos dar por sentado es que no hay nada obvio. En una relación de coaching es especialmente importante tener presente este principio: no hay nada obvio. El coach necesita desarrollar la sensibilidad para saber en qué terrenos su intervención facilita en el cliente el proceso de expansión dentro de su área de desarrollo potencial y dónde está el límite que lo conduce a una zona de pánico. Por eso el coaching como es definido por la International Coach Federation (ICF), parte de una relación respetuosa y de trabajar siempre con la agenda del cliente y no con lo que el coach considera adecuado para él.

Hay distintas formas de denominar el tipo de aprendizaje que se da cuando alguien logra expandir su zona de desarrollo potencial. Puede lograr un aprendizaje significativo o ir aún más allá y descubrirse en un "aprendizaje transformador". Werner Erhard lo define así:

> La transformación no cambia meramente nuestras acciones, no nos da tan solo nuevas opciones de las cuales seleccionar algunas. Más bien devela las estructuras del ser y de la interpretación sobre las cuales nos estamos basando, y a menudo somos inconscientes de cómo estamos parados sobre ellas.
> El trabajo de la transformación consiste en revelar nuestro ser a nosotros mismos, lo que ocurre de una manera profunda, que altera la

misma posibilidad de ser aquello que somos inevitablemente. En la transformación damos a luz la posibilidad de crearnos a nosotros mismos, de forma tal que la vida se vuelve una expresión creativa de nuestra forma de estar.[2]

El coaching del equipo interno lleva a cabo un proceso de aprendizaje transformador. Nos revela nuestro ser a nosotros mismos. La versión limitada de lo que creemos que somos se amplía significativamente. Nos damos cuenta de muchos elementos que nos constituyen y que han quedado ocultos o silenciados. Descubrimos nuestro poder de transformación personal en tanto nos volvemos dueños de nuestra vida interior. Descubrimos que existe una vía de acceso a esas energías y voces que se contradicen unas a las otras. Además de sentirlas, vivirlas, darles cuerpo, podemos actuar sobre ellas y decidir cómo queremos ser habitados por ellas. Y el aprendizaje es transformador en tanto revoluciona nuestro sentido de identidad. Nos transforma de víctimas de nuestros impulsos inconscientes en personas que eligen con conciencia quiénes somos y cómo deseamos relacionarnos con los demás y con nosotros mismos.

¿Y yo quién digo que soy?

Cuando digo quién soy… ¿qué digo sobre lo que "no soy"?

¿Cuál es el marco desde el cual digo que soy lo que soy y niego ser lo que no creo que soy?

¿Dónde escuché que soy eso… y que no soy lo otro?

Espejo, espejito...

2. Erhard, Werner: *The Heart of the Matter*. San Francisco (set de 3 audio-cassettes), 1984.

Nuestra mente opera como una especie de espejo que proyecta al exterior lo que en realidad llevamos dentro. De esta forma, solo puedo apreciar alguna cualidad en otra persona gracias a que esa misma cualidad habita dentro de mí y yo la veo amplificada –o distorsionada– en ella. En psicología a este efecto se le llama "proyección". Es un tema clave para entender la dinámica interna de nuestras voces.

La sabiduría del espejo

Primera ley del espejo

Todo lo que me molesta, me irrita, me enoja o me pone furioso del otro, lo que yo quisiera cambiar en él, lo tengo dentro de mí.

Segunda ley del espejo

Todo lo que el otro me critica, me combate, quiere cambiar en mí y con lo cual me hace daño, en realidad me pertenece. Es algo que aún no tengo resuelto, un asunto pendiente, para que yo lo trabaje.

Tercera ley del espejo

Todo lo que el otro me critica y me recrimina, lo que quiere que yo cambie, pero sin lograr que me toque o me afecte, es una imagen propia del otro, es su carácter, su carencia proyectada en mí.

Cuarta ley del espejo

Todo lo que me gusta del otro, lo que amo en él, lo tengo yo también, está dentro de mí y lo aprecio en los demás. Me reconozco en los otros y en este punto me fundo en el otro.

Rara vez nos gusta lo que vemos cuando nos miramos al espejo. Automáticamente nos criticamos. En este sentido es comprensible la respuesta cuando el otro, haciendo las veces de "lo proyectado", muestra descaradamente los comportamientos que atacamos y que consideramos reprobables. Si en nuestra vida emprendemos una lucha, por ejemplo, contra la irresponsabilidad, es comprensible que no estemos dispuestos a aceptar que en nuestro interior habite también en mayor o menor medida algo que se pueda identificar como irresponsable. Nos resistimos violentamente a reconocer como propio aquello que combatimos. Cuántas veces nuestro juicio sostiene enfáticamente que "eso" "nunca jamás en mi vida podría hacerlo yo". Con el mismo énfasis no podremos aceptar que "eso" también forma parte de nuestra naturaleza. Nos colocamos, pues, en una polaridad para juzgar a la opuesta.

En el caso contrario, si idolatramos a alguien, lo que en realidad está haciendo nuestra mente es proyectar una fantasía que hemos creado y que solo existe dentro de nuestra cabeza. Cuando después de un tiempo conocemos más a esa persona y se nos cae al suelo esa imagen idealizada, probablemente pasaremos al odio, la decepción, el rechazo. Lo volveremos un demonio. Pero la persona no era ni una divinidad ni un demonio. Era sencillamente ella misma. Lo demás fue nuestra proyección.

Preguntas para que el lector se haga:

¿Qué es lo que más me enoja de los otros?

¿Quién dentro de mí es ese que se enoja?

¿Cuáles son las críticas que me afectan y me ofenden?

¿Quién dentro de mí es el que se siente herido por la crítica?

La leyenda de la taza vacía

Según una vieja leyenda, un famoso guerrero fue de visita a la casa de un maestro zen. Al llegar se presenta y le dice todos los títulos y aprendizajes que ha obtenido en años de sacrificados y largos estudios. Después de tan sesuda presentación, le explica que ha venido a verlo para que le enseñe los secretos del conocimiento zen. Por toda respuesta el maestro se limita a invitarlo a sentarse y a ofrecerle una taza de té. Aparentemente distraído, sin dar muestras de mayor preocupación, el maestro vierte el té en la taza del guerrero, y continúa vertiendo té aún después de que la taza esté llena. Extrañado, el guerrero le advierte al maestro que la taza ya está llena, y que el té se escurre por la mesa. El maestro le responde con tranquilidad: "Exactamente señor. Usted ya viene con la taza llena ¿cómo podría aprender algo?". Ante la expresión incrédula del guerrero, el maestro enfatizó: "A menos que su taza esté vacía, no podrá aprender nada".

¿De qué está llena mi taza?

¿Qué necesitaría modificar para estar realmente abierto a una experiencia de aprendizaje transformadora; es decir, con la taza vacía?

¿Qué me detiene?

No se puede ser sin el otro. De allí la necesidad de repensar la identidad como un fenómeno social, resultado de las relaciones del ser consigo mismo y con los otros. El otro precede al yo, lo alimenta e instruye, y lo acompaña toda la vida. Valoramos nuestro propio ser desde el otro, buscamos conocernos a través del otro, vemos nuestra exterioridad con los ojos del otro, orientamos nuestra conducta en relación con el otro, construimos nuestro discurso propio en referencia al discurso ajeno, entrelazado con este, en respuesta a él y en anticipación a sus futuras respuestas.[3]

---

3. Alejos García, José: "Identidad y alteridad en Bajtín", *Acta Poética*, 27 (1) Primavera. Universidad Nacional Autónoma de México, 2006.

CAPÍTULO 6

LA CRISIS PREVIA

Miguel transitó los días siguientes más taciturno que de costumbre, escuchando el escándalo interior de voces que se interrumpían y se superponían unas a las otras. Su atención era cada vez menor en las tareas cotidianas. Ausente en su casa, conducía el coche como en "automático" y pasaba las noches en vela. A la herida de la mano derecha se sumó un golpe en la cabeza contra un *rack*, en la bodega de la empresa. El moretón, imposible de ocultar, como el que le habría dejado un puñetazo en el ojo izquierdo. "Una piedra en el camino me enseñó que mi destino era rodar y rodar", cantaba para sus adentros.

Cinco días después le llegó la autoevaluación que debía llenar. Su primer impulso lo hizo calificarse muy bien en casi todas las áreas. No pudo evitar pensar que el de Calidad se vengaría; que Javier, de Mantenimiento, que lo aprecia, respondería cosas positivas; que Ubaldo es un ladino de quien no sabe qué esperar; que Irving seguramente quería su puesto y fue el iniciador de este lío, y que Daniel, como amiguito del gerente que tan mal lo trata, no sería, por cierto, su mejor carta.

"Y… ¿qué evaluará el jefe, que siempre me grita y me humilla frente a todos? ¿Por qué será que solo a mí me grita siempre y a los demás los trata como a caballeros? ¿Porque soy moreno? ¿Porque vengo de una escuela pública? ¿Porque le caigo mal? ¿Por qué? ¿Y por qué a él no le dicen nada, si se supone que en esta empresa una regla muy importante es el respeto y él no me respeta?", se preguntaba Miguel más de una vez.

En varios puntos borró la calificación y la mejoró aún más. ¿Por qué no? Si él era quien cargaba con el área completa. Se sacrificaba como ninguno. Trabajaba a menudo los fines de semana. Era el que se quedaba hasta más tarde y resolvía todo lo que su equipo dejaba de hacer.

"Me tengo que defender a costa de lo que sea", pensó, y enseguida escuchó que otra de sus voces le decía:

"¿No te das cuenta de que eres un desastre? ¿Cómo te evalúas con un 'cinco' en 'trabajo en equipo', si esto es un verdadero caos y nadie trabaja en equipo? Ponte un 'dos', a lo sumo." Y entonces Miguel bajó su calificación en todos los puntos.

Ocupó, en total, un par de horas en llenar el cuestionario. Cambió sus evaluaciones una y otra vez, sin que ninguna dejara contentas a las voces interiores, que se contradecían. Insatisfecho con el resultado final, guardó el archivo. No lo envió, como tampoco había enviado otros archivos de reuniones, de proyectos a medias, que dormían en su disco duro como evidencias de su indecisión.

Al día siguiente se animó a enviar el cuestionario, con algunos cambios, después de un pedido "urgente" de Recursos Humanos, que necesitaba procesar la información.

Durante esa jornada, Miguel se dedicó a observar a cada uno de sus colaboradores, tratando de leerles la mente para averiguar cómo lo habían evaluado. Los odió a todos. "¿Por qué tendrán que existir?", se preguntó.

La noche anterior a la sesión de arranque no encontró manera de pegar un ojo.

—¿Qué tienes, Miguel? –le preguntó su esposa.

—Nada, ya duérmete –respondió.

—Nada. Nada… ¿Qué tal si hubiera algo?

Esa queja de la mujer solo la escuchó su propia almohada.

A la mañana siguiente, por primera vez en la vida, Miguel registró un efecto físico ocasionado por su turbulento diálogo interno. Se levantó con dolor de oídos, por el exceso de ruido que tuvo que aguantar de su conflicto interno durante tantas horas, sin poder hacer nada para bajar el volumen, o para dormir.

EL MODELO

Cuando te encuentres solo, observa tu mente.
Cuando estés con gente, observa tu habla.

Tradición budista
Kadampa del Tíbet

CAPÍTULO 7

EL ORIGEN

Hal y Sidra Stone pueden ser considerados como el padre y la madre de la exploración de las voces internas; primero desde un enfoque jungiano, y posteriormente al crear su propia escuela. Una de las muchas aplicaciones prácticas que tiene su aporte es precisamente la orientada al coaching del equipo interno, como la desarrolló en Alemania Schulz von Thun.

El objetivo del trabajo con las voces interiores es el desarrollo de un nivel de conciencia que nos ayude a reconocer y a aceptar todas las energías que nos constituyen, aun las que comúnmente rechazamos. Se dice fácil, pero su complejidad se convierte en un reto de vida.

El origen de este modelo es el reconocimiento de que los seres humanos nacemos indefensos y vulnerables. Nacemos con una serie de necesidades básicas que debemos cubrir, en especial en los primeros años, pero que nos acompañan por el resto de nuestra vida. Dentro de ellas se destacan tres: la necesidad de atención, la necesidad de aprobación y la necesidad de afecto. Atención en términos de que alguien nos mire, reconozca, cuide y proteja. Aprobación en tanto sintamos que nuestra existencia es valiosa y apreciada. Y afecto en todas sus manifestaciones corporales, emocionales, verbales y no verbales.

Un bebé aprende muy pronto a responder cuando alguna de estas necesidades no está cubierta. Por ejemplo, cuando llora mucho y mira la cara de desaprobación de la madre, descubre que es mejor sonreír si quiere recibir cariños. Así, el bebé aprende a complacer desde la cuna, como respuesta defensiva ante la vulnerabilidad que provoca el rechazo, la negación de afecto o la desaprobación. Ser complaciente, entonces, se convierte en uno de los muchos mecanismos protectores que nos ayudan a cubrir necesidades básicas a lo largo de nuestra vida. En las distintas etapas del desarrollo van apareciendo otras defensas que dependen del contexto, de la cultura y de los valores del entorno en que crecemos. Algunos aprendemos a ser trabajadores esforzados, otros a desarrollar habilidades mentales, otros a mejorar el desempeño atlético; todos con el fin de cubrir esas mismas necesidades.

¿Qué es lo que hay debajo de esas conductas que nos acompañan a lo largo de nuestra vida y a las que llamamos nuestra "personalidad"?

Oculta bajo la superficie está la más primitiva de las emociones. El miedo. Son muchos los autores que se han dedicado a su estudio y al impacto psíquico, corporal y emocional que ejerce en el ser humano desde las primeras etapas de su desarrollo.

El miedo está presente como ninguna otra emoción en el reino animal. Basta mirar a las gacelas cuando huyen del leopardo, sentir el temblor de un conejo al ser alzado en brazos o ver los ojos de terror de un gato mientras huye para percibir el origen de ese movimiento (emoción, del latín *motere*) hacia la seguridad y la supervivencia.

La forma en que respondemos al miedo nos coloca inevitablemente en posturas antagónicas: aquí yo, solo y vulnerable; y allá, del lado opuesto, la amenaza. Mi respuesta automática a la amenaza me lleva a actuar de una manera, y el opositor elige la contraria. Si huyo, me ataca. Si ataco, se defiende o huye.

Para entender la estructura llena de "incontables pares de polos" desde la cual operamos, es fundamental el aporte de dos alemanes, Fritz Riemann y Christoph Thomann con su posterior trabajo de integración llevado a cabo para su modelo de manejo de conflictos. La lógica cartesiana con la cual crecimos nos hace caer en la trampa de creer que debemos vivir colocados en un punto que excluya al opuesto. Lo hace incompatible, impensable. Soy bueno o soy malo. Algo es bonito o es feo. Bajo esta lógica, elegimos colocarnos en un punto y desde ahí declarar la guerra a todo lo que se encuentra en el lado contrario. Pues su misma existencia amenaza nuestra seguridad. De esta forma, todos los que son como nosotros, los que pertenecen a nuestro "bando", son los buenos. No importa dónde estemos parados. Siempre será así. Porque nuestra mente divide, separa, excluye desde la lógica lineal con la que fuimos educados.

Alguna vez leí un ejemplo revelador sobre el proceso natural de respirar, que tiene dos momentos: la inhalación y la exhalación. Podemos decidir que inhalar es "bueno", pues al traer aire al cuerpo nos llenamos de vida, nos oxigenamos y nos cargamos de energía. Inhalar es vivir. Y vivir nos gusta. Y queremos vivir mucho. Queremos acumular más vida si tomamos más y más aire. En cambio, lo último que hace una persona en su vida es una exhalación. La exhalación es muerte. Sacamos toxinas del cuerpo al exhalar y se nos va un poco de vida en cada una de nuestras exhalaciones. De ahí que exhalar es malo. Por lo tanto, nos decidimos por lo "bueno" y rechazamos lo "malo". Inhalaremos mucho, cada vez más, para estar llenos de vida. Solo inhalar, no soltar el aire porque es malo y moriremos. Después de un rato de solo inhalar, con seguridad vamos a reventar los pulmones y en verdad terminaremos muertos.

En cambio, si pensamos que inhalar y exhalar son dos partes complementarias de un mismo proceso, donde ninguna es buena o mala, no tenemos que elegir una y rechazar la otra. Nos dedicamos sencillamente a respirar. Sin juzgar. Pasemos este ejemplo a otros puntos, como lo rápido y lo lento. El trabajo y la diversión. La acción y la pasividad. El afirmar y el negar. Cuando los vemos como parte de un ciclo que necesita de ambos para completarse ¿qué sucede en nuestra mente? No hay uno sin el otro.

Riemann identifica cuatro miedos básicos alrededor de los cuales los seres humanos conformamos nuestro modo de estar en el mundo y nos apropiamos de distintas voces y de personajes congruentes con estas. Los cuatro miedos se ubican en los extremos de una matriz constituida por dos ejes: *el espacio* y *el tiempo.* Ellos marcan nuestra forma de relacionarnos en el mundo, lo que aceptamos y lo que odiamos, lo que se nos hace fácil y lo que nos resulta casi imposible realizar.

1. Espacio, o la paradoja entre la dependencia y la autonomía

El ser humano se mueve en un espacio concreto y sus relaciones se ven influidas por la forma en que maneja el espacio. De esta manera, tenemos individuos con una gran necesidad de cercanía (por razones personales o culturales) y otros con una mayor necesidad de mantener distancia en su interacción con los demás.

Aquí surge el primer par de polos:

Cercanía

La necesidad de cercanía está ligada con el deseo de cuidado, de compañía, de compartir, de sentir pertenencia, adaptación, armonía, de ser validado por otros. Una persona identificada en el extremo de esta polaridad es alguien muy cooperador, dispuesto a entregarse por completo al otro, empático y participativo. Es alguien en búsqueda de equilibrio, amor, lealtad. Es obediente y busca ser dirigido. Cuida y busca que lo cuiden. La dependencia de otros es percibida como la fuente de su seguridad personal, y el sentido de pertenencia, como una profunda aspiración.

Una persona construye su voz primaria en esta polaridad cuando su principal miedo es perder la seguridad de pertenecer a un grupo. Cuando tiene miedo a convertirse en un ser autónomo. En su mundo, el otro, el "tú", adquiere una valoración desproporcionada, hecho que lo conduce a establecer relaciones de dependencia.

Desde esta polaridad existen dos fundamentos de vida: amar y necesitar. De ahí que se observa a esta persona en dependencia de otros, o haciendo a los demás dependientes de él.

El miedo a perder el sentido de pertenencia es vivido en estos casos como caer al abismo de la individuación, de distinguirse de otros, de ser uno mismo, uno solo; y en su búsqueda de aceptación la persona hará todo, incluso renunciar a sí misma, con tal de pertenecer.

Esta adaptación la conduce a idealizar a los demás. Es capaz de ignorar errores de otros con tal de evitar tensiones. Se asume fácilmente como un avestruz, que esconde la cabeza en la tierra con tal de no tener que moverse o enfrentar situaciones desagradables que puedan poner en riesgo su aceptación o su pertenencia a un grupo. Por ejemplo, el caso de un gerente orientado principalmente a las personas, a crear buen vínculo con ellas, pero que descuida los resultados, por no poder poner límites.

Vemos entonces que su enorme capacidad para hacerse compatible con los grupos a los que pertenece lo conduce a renunciar a sus deseos y necesidades, por estar dispuesto a ayudar y apoyar al otro.

Uno de los aprendizajes que le hacen falta a quien se coloca en esta polaridad es el de tomar y recibir lo que le corresponde. Ser consciente de aquello que merece. Sentirse digno del amor del otro. Dejar de ver al otro como si tuviera más importancia que él mismo.

Roles habituales

- El entregado
- El más comprometido
- El sacrificado
- El centro de toda reunión social
- La "mamá de todos"
- El enfocado en quedar bien y ser amigo de todos, antes que en lograr resultados
- El buscador de armonía y paz que evita a cualquier costo una confrontación o un mínimo desacuerdo
- La víctima, el pobrecito que despierta la culpa en los otros para mantener la dependencia

---

Miedo a la autonomía y a la propia identidad porque las vincula con la pérdida de protección y el aislamiento.

Distancia

*Vuestra mala autoestima hace de vuestra
soledad una prisión.*

Friedrich Nietzsche: *Ecce Homo:
Cómo se llega a ser lo que se es*

Quien se identifica con esta polaridad tiene como baluartes de vida su libertad, su independencia, su autonomía. Pone límites a los demás. Cuida mucho su territorio. Habita su propio mundo, al que pocos tienen acceso, y manifiesta un control emocional excesivo, aun cuando tenga sentimientos intensos. Puede ser muy sensible, aunque no lo demuestre. Consecuente, racional, centrado en los hechos, abstracto, lógico, inseguro y aparentemente muy seguro. Hasta puede parecer arrogante. Si el contacto con los demás rebasa los límites que él impone, se siente amenazado. Su miedo es perderse a sí mismo por entregarse.

Prefiere pasar inadvertido y permanecer en el anonimato, operar detrás del telón, nunca en roles de liderazgo. Le gusta participar en la vida de otros, pero sin que nadie lo note.

Dado que las emociones y los sentimientos nos acercan a los demás, su tendencia es disociarse de ellos y transformarlos en argumentos racionales y en aparente objetividad. Ve el amor, la atracción y la simpatía como peligros para su individualidad. Su defensa es a menudo agredir con ironía o sarcasmo.

Quien vive en el extremo de esta polaridad percibe el mundo como un lugar lleno de peligros, de los cuales se protege estableciendo distancia. Rechazando antes que nadie, se protege del rechazo.

En el núcleo del miedo de esta polaridad se encuentra la desconfianza y un estado de vulnerabilidad extrema. El derecho mismo a existir es cuestionado.

Roles habituales

- El solitario (más vale solo que mal acompañado)
- El callado, observador
- El "fantasma"
- El desconfiado
- El abogado del diablo
- El indiferente, inexpresivo
- El sarcástico, irónico, hiriente
- El que prefiere la comunicación escrita antes que la oral

Miedo a la entrega, por ser percibida como pérdida del yo y como dependencia.

2. Tiempo, o la paradoja entre preservar y cambiar

Cambio

Manejo Tiempo

Permanencia

El eje vertical lo constituye nuestra temporalidad en su sentido más amplio, que oscila entre lo que se conserva y lo que cambia con el tiempo. De ahí que los dos polos se ubican en aquellos que manifiestan una enorme necesidad de estabilidad y seguridad a lo largo del tiempo, frente a los que ansían el cambio como lo más apasionante en su vida.

Permanencia, estabilidad

Vista como una necesidad de control y un apego al hecho de que "así son las cosas, porque así han sido y así deben seguir". Esta polaridad lleva a la persona a creer que todo lo nuevo implica el riesgo de perder su propia seguridad, y la conduce a desarrollar el miedo por todo lo que es nuevo y desconocido. Se aferra a lo que tiene para hacer que dure, se mantenga, se preserve. Esto la salva de la angustia que le genera la incertidumbre ante el cambio.

Quien vive identificado con esta polaridad busca la perfección, la optimización, el control, y tiende a ser obsesivo. Para él solo hay verdadero y falso, rectitud y orden. Es minucioso, cuidadoso, centrado en el desempeño, tenaz, disciplinado; tiene aguante, empuje, disposición a luchar por sus ideas. Es estructurado, ahorrativo, arraigado, concreto, confiable. Tiende a aferrarse a sus hábitos, pues de lo contrario entraría en la incertidumbre: la madre de todos sus miedos.

Es cierto que en cada uno de nosotros habita un deseo profundo de permanencia y constancia. Los hábitos y la vivencia de las cosas familiares nos posibilitan vivir en un mundo que no termine en el caos. Si no existiera en el exterior un orden superior, en nuestro interior también regiría el caos. La aspiración por la permanencia y la estabilidad puede reconocerse, entonces, en cada ser humano. Aun así, hay una mayor o menor expresión de esta necesidad, dependiendo de en qué polaridad habita cada uno de nosotros.

¿Qué pasa cuando alguien experimenta con una intensidad desmesurada el miedo al cambio? Intentará dejar todo como siempre lo ha vivido. Buscará incansable la eternidad, el absoluto. Se resistirá a cualquier asunto que implique renovación y hará todo por mantener el orden.

Quien se coloca en el extremo de esta polaridad se aferra a sus hábitos cotidianos y se resiste a soltarlos. Su vida está determinada por prejuicios que le impiden desarrollarse. El principal problema que enfrenta es la necesidad exagerada de seguridad. Sopesa todo con exactitud y planea hasta el último detalle, hecho que lo conduce a ser muy lento en su toma de decisiones. Entra a menudo en la paradoja del hombre que quiere aprender a nadar, antes de entrar por vez primera en el agua. O del que lleva diez años planeando comprar una computadora y se detiene cada vez, porque es posible que en un mes salga un modelo nuevo.

Roles habituales

- El defensor de la ley y el orden
- El hombre de principios
- El dirigente militar
- El sabelotodo
- La "perfecta casada"

Miedo al cambio por ser percibido como la inseguridad que resulta de modificar los hábitos, las rutinas cotidianas o las tradiciones que han guiado la conducta.

Cambio

La vitalidad, la espontaneidad y la creatividad caracterizan a esta polaridad. El saber que el cambio es inherente a la vida provoca miedo a lo permanente. Este miedo se experimenta como pérdida de la libertad, el valor más preciado. Para quien vive la vida desde la alegría del cambio perenne, cualquier intento por apegarse a una tradición, aun cuando signifique cierta seguridad, implica que los cambios se detengan, y por lo tanto, que se ponga en riesgo la identidad. Por una parte hay apertura al cambio, a la exploración de lo nuevo, a ensayar otras maneras de hacer las cosas. Por otra, puede haber superficialidad por no dar tiempo a que los procesos maduren, a conocer más a fondo, a comprometerse. En el extremo de la polaridad se cae en cambiar por cambiar, como la moda.

Estar identificado con esta polaridad significa temer los hábitos repetitivos y "tediosos". Como consecuencia, esta persona vive de forma desproporcionada la necesidad de libertad y de buscar lo novedoso.

A lo que más le teme es a las limitaciones impuestas por cualquier tipo de normativa o regla. Para esta persona no hay promesas eternas ni compromisos obligatorios. Parte del principio "Lo hecho, hecho está. Lo pasado quedó atrás y me muevo a lo que sigue".

Tampoco planea el futuro, para dejar abiertas las oportunidades. "¿Qué tal si algo interesante aparece?", se pregunta. Esta es una polaridad aventurera, que vive en el presente y se encuentra en búsqueda de nuevos estímulos e impresiones de forma constante. Es alguien fácilmente disponible y no cuesta trabajo convencerlo de hacer algo, si tiene ganas y está de humor.

Quien se encuentra en el extremo de la polaridad, concibe las reglas como una oportunidad para saltárselas. "¿Reglas? ¿Qué es eso?", dice.

Los miedos que hay detrás de su deseo de libertad son justamente al orden, a envejecer, a la muerte, a las convenciones sociales y a las expectativas de género. Es decir, a todo lo que aparece limitante en esta vida.

La puntualidad no es su tema. Tampoco la responsabilidad o los principios morales. Todo es relativo al momento y depende de la perspectiva desde la que se mire.

> *El hombre es un rey cuando sueña y un pordiosero cuando piensa.*
> Friedrich Hölderlin: *Poesía completa*

Quien está en esta polaridad ama el amor. Sus relaciones son intensas, pasionales y demandantes. El aburrimiento le es desconocido. Por su temperamento, a menudo se vuelve el alma de las reuniones. Puede cambiar con frecuencia de pareja. Es muy competitivo y tiene mucha necesidad de ser "el solista de la orquesta". Padece de forma exagerada las críticas y los ataques de otros.

Fernando Pessoa describe la poética de esta polaridad:

Me multipliqué, para sentirme,
Para sentirme, necesité sentirlo todo,
Me desbordé, no hice sino extralimitarme,
Me desnudé, y me entregué
Y hay en cada rincón de mi alma un altar a un dios diferente.[1]

Miedo a verse como alguien necesitado, porque percibe esto como algo irremediable, que amenaza su libertad.

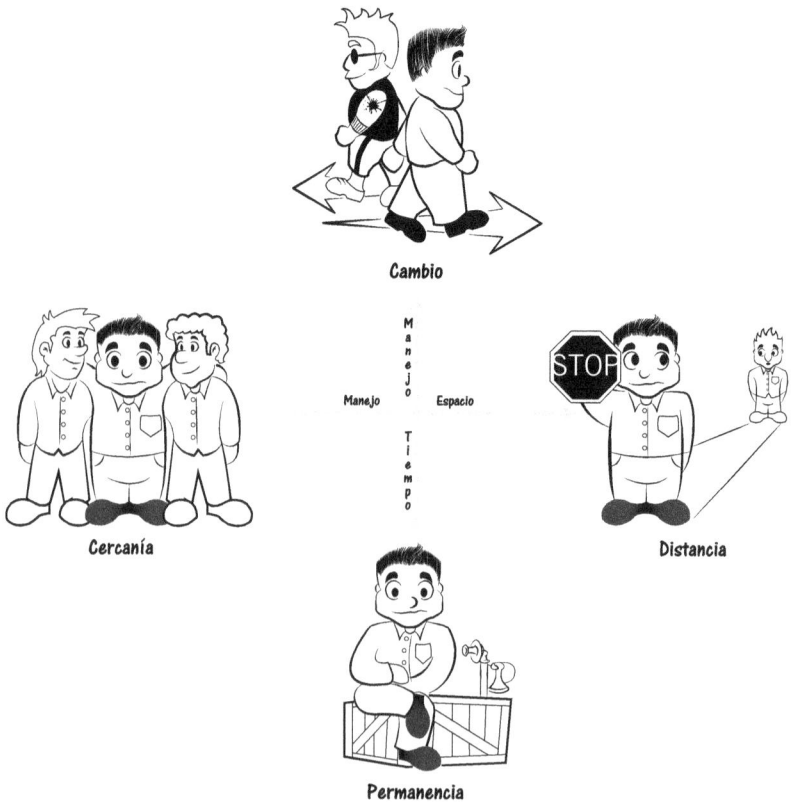

Cambio

Manejo Tiempo

Manejo Espacio

Cercanía

Distancia

Permanencia

---

1. Bojórquez, Mario: "Fernando Pessoa: El hombre multitudinario". *Círculo de Poesía*, Revista electrónica de literatura. Septiembre de 2009.

Actividad para experimentar

Objetivo

Identificar distintas polaridades en mí mismo a la luz de algunos temas existenciales, con el fin de validar mi propia diversidad interior.

Elige tu modo preferido de actuar, de pensar, de tomar decisiones sobre los siguientes temas. Descubre si para cada uno de ellos tu tendencia es hacia el mismo polo o si, por el contrario, cada tema despierta en ti un personaje distinto de tu vida interior.

Dinero

Cercanía

El dinero en realidad no es importante en la vida, pero lo necesito para poder hacer felices a otros. Cuando me sobra dinero, con gusto hago regalitos, pues siempre tengo algo que regalar a mis amigos.

Distancia

Es importante, para no tener que depender de otros y para no tener que pedir nada, ni tener por qué estar agradecido o comprometido con otros. El dinero es mi posibilidad de ser independiente. Si tengo que dar un regalo, lo mejor es dar dinero, ya que el otro sabe mejor que yo lo que quiere.

Permanencia

Ahorra en tiempos de cosecha, ya que no sabes cuándo vendrá de nuevo la escasez. Uno debe tener siempre un ahorro seguro y sin riesgos, para tiempos de crisis o imprevistos. La mejor forma de saber si se lleva una buena vida, es observar el cuidado de las finanzas personales.

Cambio

Me dicen que soy incapaz de manejar el dinero y eso no es cierto. De hecho, soy capaz de gastarlo muy bien. Gasto más de lo que gano. La verdad es que no sé si tengo deudas en este momento. Cuando tengo dinero soy muy generoso: no acaba de entrar el dinero cuando ya va de salida. Tenerlo en la cuenta es un desperdicio total.

Sexualidad

Cercanía

El sexo solo es placentero si se da dentro de una relación duradera y de confianza, donde pueda uno sentirse mimado, querido y cercano próximo al otro. La entrega total y ser uno con el otro dan el sentido a lo sexual.

Distancia

El sexo puede ser atractivo, siempre y cuando no se mezclen tantos sentimientos y uno pueda tener momentos placenteros sin la complicación de demandas, explicaciones o exigencias del otro. Me atrae especialmente el hecho de no conocer al otro. Lo peor que me pueden hacer es preguntarme: "¿Me amas?".

Permanencia

La sexualidad puede ser agradable, siempre y cuando esté acompañada de un ambiente adecuado y cubra lo que busco. No se trata de que diga "el viernes por la noche siempre a la misma hora", pero sí me importa que haya cierta regularidad, para poder hacerme a la idea y prepararme mentalmente. Es un hábito muy agradable.

Cambio

Un poco de "picante" debe haber en la vida. De lo contrario, se vuelve desabrida y aburrida. La mejor forma del sexo es la espontánea, dispuesta a experimentar y descubrir. Lo peor que me puede pasar es que se convierta en rutina.

La muerte

Cercanía

Prefiero morir en mi casa y en mi cama, rodeado de mi gente querida. Que alguien me tome de la mano y me pueda despedir de todos. Lo peor que me podría pasar es morir solo en un hospital, conectado a una serie de aparatos e irme sin que nadie me acompañe.

Distancia

La muerte es un hecho íntimo y a mí me gustaría hacer como los esquimales, que se distancian de la comunidad para ir a morir solos y en paz. Aun así, sería recomendable tener alguna ayuda profesional, sobre todo para evitar dolores fuertes.

Permanencia

Lo más importante es poder hacerme poco a poco a la idea. Morir estando preparado. Dejar el nicho comprado, el funeral pagado, el testamento firmado y todos mis papeles en regla. Lo último que quiero es ocasionar molestias. Es importante que mis familiares encuentren listados con todo lo que deben revisar y dónde, en perfecto orden y en un lugar específico, para facilitarles las cosas.

Cambio

¿Qué? ¿En verdad crees indispensable hablar precisamente hoy y específicamente conmigo de este tema? ¿No será mejor que aprovechemos el tiempo para hablar de cómo gozar la vida, ya de por sí tan corta, para hacerlo de forma intensa? Para mí, la mejor muerte sería la súbita. Preferentemente, con una copa de vino en la mano y en medio de una escena muy seductora.

CAPÍTULO 8

EL LANZAMIENTO

Miguel llegó tarde, para variar, a una de las salas de reuniones de la empresa. La única con puerta, cerrojo y ventanas al jardín. En ese lugar iba a tener su primera sesión de coaching y ya lo estaban esperando el gerente de Planta, la gerente de Recursos Humanos, la coach y el gerente de Operaciones, su odiado jefe.

Lennard von Stockelsdorf, el gerente de Planta, alemán, abrió la sesión en su español gutural:

—Estamos aquí, Miguel, porque tú bien sabes que somos una empresa en continuo crecimiento, y necesitamos *tú crezcas* también. En habilidades de gerente. ¿Esto qué es? Es fijarte en la forma como tú te comportas. Ser consciente de cómo tú diriges a los grupos. Creceremos el año próximo mucho. Y tú debes entrar en otro nivel de entendimiento sobre lo que es tu papel. Miguel, debes estar listo para ese reto grande. Por eso decidimos ofrecerte coaching para apoyarte.

Von Stockelsdorf hizo una respiración profunda, miró a la coach, le dio una palmada en el hombro y le dijo:

—Y aquí es donde entras tú en el juego, coach –miró de nuevo a Miguel–. Así que el coaching no es una cosa negativa. Por el contrario. El objetivo es que la gente logre el siguiente nivel de desarrollo y desempeño. Que alcance su potencial. Esta empresa no invierte en gente que no vaya a crecer. Y me gustaría escucharte, Miguel. ¿Cómo te sientes?

—No, este… Sí, bueno, que sí, que me queda claro.

—Mira, el asunto es así de claro: necesitamos que te conviertas no en líder, sino en líder de líderes, y queremos ver si esto va a ser posible contigo. Si a mí me pides mi opinión, me parece que los gerentes en este país son casi masoquistas, y tú *estás* el caso perfecto para esto. Trabajas mucho y te esfuerzas mucho, y eso es bueno; pero un gerente es un *manager*. Yo no te pago para que tú hagas el trabajo y arregles las máquinas. Tampoco te pago para que hagas el trabajo de otros y que te lo pases aquí el fin de semana. Te pago para que planifiques que la gente trabaje –hizo una pausa estudiada, dramática–. Te pago para ser gerente. No tienes que *exprimir a ti*, sino adaptarte a los sistemas y procedimientos que ya tiene la empresa. Para eso *estamos* los alemanes muy buenos. Si entregas un informe a tiempo o dos semanas después, estás teniendo la misma cantidad de trabajo, solo que si entregas tarde te tienes que disculpar y eso no te ayuda. Tienes que hablar diferente, no siempre disculpándote. Necesitas *focusearte* en resolver, ser proactivo, ser crítico. Yo no espero que tú siempre le digas que sí a tu jefe ni a mí. Quiero que sepas decir que no. A mí me va a dar mucho gusto que me digas que no y me des tus razones. En tu cabeza tienes que cambiar esa idea de que tienes que quedar bien, y por eso el coaching te va a ayudar. Aprovéchalo. Te voy dar un consejo muy importante para que pienses: siempre que tomes una decisión y esta decisión *esté* lo mejor para la empresa, nadie se va a quejar o a pelear. Tómalo en cuenta.

Después, con la mirada, le cedió la palabra a Saskia Süßsauer, la gerente de Recursos Humanos, también alemana, quien mostró en una pantalla el gráfico con los resultados de la evaluación:

—Las puntuaciones más bajas son las de tu autoevaluación; te asignas un "uno" o un "dos" en casi en todos los rubros, mientras que las ocho personas que te evaluaron te perciben mucho mejor. Esto puede ser un tema de autoestima. Vamos a ver algunos ejemplos: en el punto "soluciona los problemas de forma efectiva y flexible" te asignas un "uno", que es el puntaje más bajo, mientras que las personas restantes te evalúan con 3,8, en promedio, sobre un máximo de 5. En "busca soluciones ganar-ganar" sucedió lo mismo. Los comportamientos mejor evaluados en promedio son: "da a la gente la autonomía para llevar a cabo su trabajo", "reconoce el trabajo bien hecho", "se dirige de manera respetuosa en el trato con los demás", y "busca la mejor forma de satisfacer las necesidades de sus clientes". Los más bajos en promedio están en: "logra a través de la gestión de su equipo que todos estén alineados en un mismo objetivo", "coordina acciones de forma efectiva dentro de su área y con otras áreas", "es capaz de establecer prioridades de trabajo", "mantiene la calma y la confianza en situaciones bajo presión y cuando se enfrenta a aquellas que parecen difíciles", "habla de los problemas abierta y transparentemente", "hace un equilibrio entre las actividades cotidianas y una visión a largo plazo", "se anticipa y facilita la resolución de conflictos" y "motiva a la gente a trabajar en equipo".

Von Stockelsdorf se puso de pie y dijo, mientras se acercaba a la pantalla en la que se proyectaban los resultados:

—Cuando miro este gráfico, Miguel, la barra amarilla me dice que tu equipo está realmente satisfecho contigo. Tu gente se siente bien. Tú *estás* buen jefe de ellos. Pero si tú ves la comparación con mi evaluación y la de tu jefe, nosotros *vemos* otra perspectiva.

Señalando la evaluación de los colegas y jefes, añadió:

—Debemos elevar este resultado. Aquí hay un área de mejora. Tal vez no me creas, Miguel, pero tú y yo somos parecidos. Al ver este resultado recordé mi primer proceso de coaching, de hace muchos años. Pues yo también tuve un coach que me ayudó mucho. Hace más de quince años. Fue la mejor experiencia que he tenido en toda mi vida. Fue algo que costó mucho a la empresa, pues tuve sesiones de todo un día completo. Un coach solo para mí. Ha sido la más grande oportunidad de desarrollo que he tenido. Y para la empresa, la mejor inversión en mí. No estaría yo aquí sin aquel coaching. Así de importante fue. Yo soy ingeniero como tú. Y a mí, antes del coaching, no me interesaba hablar *bonito* con jefes, sino dar resultados. Pero en el coaching aprendí que no puedo dar resultados sin los jefes. Si nadie se entera de mis resultados, no valen igual. Si no soy capaz de tener una buena discusión y fundamentar mis ideas, no puedo crecer, porque entonces ellos no confían en mí. Y si los demás no confían en mí, yo estoy mal. Tuve yo que aprender a convencer a la gente de *seguirme* a mí. Tú ya estás muy bien porque tu gente te reconoce. Por eso te invito a aprovechar esta oportunidad. Sabemos que puedes mejorar estas evaluaciones. Deberás ser reconocido por cientos de personas, no solo por los que te *reportan* directo ahora que somos todavía chiquitos. Por eso invertimos en ti. Porque la responsabilidad es enorme. Y si no llegas preparado, no vas a sobrevivir.

Saskia miró a la coach, para invitarla a tomar la palabra:

—Quiero, entonces, pedirle que nos explique a todos cómo será el proceso, para que estemos enfocados hacia la misma expectativa.

—Primero quiero decirte, Miguel –dijo la coach–, que me siento muy contenta de estar empezando este proceso contigo. Y quiero pedirte que si te queda cualquier duda en lo que diga, por favor, me preguntes, para que tengas absoluta claridad sobre qué esperar y qué no del coaching. ¿De acuerdo?

—Sí, claro.

—Lo más importante que necesitamos aclarar es el hecho de que el coaching se maneja en dos niveles. Por una parte, la empresa manifiesta una necesidad, se realiza la evaluación y tus jefes te exponen la expectativa de desarrollo. Esto es algo abierto, que todos los aquí presentes sabemos: que en tu forma de conducirte diariamente se espera que hagas cosas distintas y que llegues a los resultados esperados. Por otra parte, está el hecho de que todo lo que vaya a suceder en las sesiones, entre tú y yo, se maneja de forma confidencial. Esto significa que si tu jefe, o Saskia, o el director me contactan para que yo les informe sobre el proceso, lo primero que haré es llamarte a ti para acordar qué me autorizas a compartir y qué no.

A Miguel le cambió la expresión al escuchar esto. Se acomodó en la silla y fijó la mirada por un momento en la coach. Fue como si se atreviera a mirarla por primera vez.

La coach continuó:

—También está el hecho de que solo esta primera sesión, la de hoy, por ser la de arranque, será aquí, en la empresa. Después te pasaré la dirección en la que nos veremos durante el resto del proceso. La idea es que puedas desconectarte de tus responsabilidades y tener ese espacio para ti mismo. Tendremos en total seis sesiones. Y también acordaremos dos ocasiones en las cuales vendré a observarte en alguna reunión de trabajo. Vamos a generar un archivo de Excel en el que anotarás progresivamente tus avances, para mostrárselo a tu jefe cuando lo necesite. Al final del proceso, tendremos de nuevo una sesión como esta, en la cual presentarás tus resultados y tu plan de seguimiento.

En ese momento, el jefe de Miguel, que había permanecido callado, tomó la palabra:

—Quiero decirte, Miguel, que justo esto que acaba de mencionar la coach fue la razón por la cual decidimos contratarla. Porque ella trabaja de forma transparente, y yo necesito estar muy cerca de tus avances, así que, desde ahora, te pido que después de cada sesión, sin que yo te lo tenga que pedir, me envíes ese archivo de Excel que ella te mencionó para que yo pueda dar seguimiento, hacerte recomendaciones o apoyarte en lo que necesites.

Después, el jefe le dijo algo parecido a lo que le había dicho en privado.

Para impedir que el discurso se hiciera interminable, y haciendo lo posible por controlar su impaciencia, Von Stockelsdorf se puso otra vez de pie y dio una palmada sobre la mesa:

—Muy bien –dijo–. Estoy esperando escuchar qué tienes que decir a todo esto, Miguel.

—Creo que estoy entendiendo más de qué se trata –dijo Miguel–. Es una oportunidad para mí de ser mejor. Y ese quiero que sea mi compromiso, ser mejor, porque ustedes apuestan por mí.

—Este es un gran día, Miguel. El sol hermoso de Silao brilla. Tu coach está aquí. Es viernes. Es el mejor momento *para tú empezar*. No debemos perder más tiempo. Es hora de que Miguel y la coach hablen tranquilamente. Nosotros nos vamos. Adiós.

Al pasar junto a Miguel, le dio una palmada en la espalda.

—Mucha suerte –le dijo–, y que saques mucho provecho de esta oportunidad.

CAPÍTULO 9

EL CLIENTE

Para un coach que trabaja en el ámbito organizacional es fundamental sensibilizarse con el contexto en el que se encuentran sus clientes, quienes pueden estar mordiéndose las uñas en el fondo de la sala de juntas de una empresa mientras esperan conocer a su coach.

En primer lugar, la relación que se establece entre el coach y el cliente en el ámbito ejecutivo es compleja. Está sujeta a expectativas de distintas partes interesadas, que pueden ser: los jefes, el área de Recursos Humanos, los subalternos o los colegas. Esta serie de actores participa cada vez más de formas directas e indirectas en el proceso; ya sea como evaluadores en los instrumentos de 360°[1] (que suelen aplicarse al inicio y al final), como miembros del equipo en las sesiones en que el coach acompaña al cliente o para participar activamente en sesiones de equipos como integrantes del proceso de coaching. Esto incluye de igual forma a altos ejecutivos y directivos de las compañías que a gerentes de las

---

1. Una evaluación de 360° aplicada antes de un proceso de coaching se elabora por lo regular entre el coach y el gerente de Recursos Humanos, para enfocar las preguntas o las cuestiones puntuales que se quiere observar en el ejecutivo. Se la denomina de 360° porque se involucra al jefe, a los colegas del mismo nivel y a los colaboradores.

plantas de producción. De lo anterior deriva que el coach caería en un reduccionismo peligroso si intentara conocer o abordar a su cliente desde una óptica meramente individual.

Hay que entender al individuo desde el sistema en que se mueve y a partir de los vínculos que genera con las demás personas.

Otro aspecto a considerar es que en los últimos quince años el mundo empresarial ha cambiado drásticamente sus expectativas sobre un gerente. Mientras que antes se esperaba tener en los puestos de liderazgo a especialistas en las áreas técnicas, centrados en generar resultados sin preocuparse mucho por cómo lo hacían, en la actualidad se les exige:

La dignidad de un arzobispo, la entrega de un misionero, la perseverancia de un cobrador de impuestos, la experiencia de un auditor de calidad, la capacidad de trabajo de un coloso, el tacto de un embajador, la genialidad de un premio Nobel, el optimismo de un náufrago, el ingenio de un abogado, la salud de un competidor olímpico, la paciencia de una niñera, la sonrisa de una estrella de cine y la piel dura de un rinoceronte.

Friedemann Schulz von Thun: *Das innere Team in Aktion*

Lo anterior habla de que el gerente necesita contar con un amplio espectro de recursos internos (más demandantes que las competencias técnicas que adquirió después de pasar largos años en aulas de entrenamiento), que nadie en su historia escolar le enseñó a desarrollar.

El nuevo gerente requiere conectar con todo su potencial y su creatividad para unir el profesionalismo de su área de especialidad y el sentido humano que le permita entender el comportamiento de otros en una situación, tomar decisiones con una visión sistémica y establecer un equilibrio dinámico en sus equipos de trabajo. Si a lo dicho se añaden factores de diversidad cultural y racial en empresas globalizadas, el desafío se incrementa exponencialmente. Es frecuente encontrar gerentes, como Miguel, que se sienten casi como "el pollo del taco" a punto de ser "devorados" por jefes, colaboradores, colegas y Recursos Humanos, todos con mensajes que parecen contradecirse. Si a esto se suman sus propios conflictos internos, la situación se agrava.

¿Cuáles son algunas de las motivaciones que llevan a las empresas a brindar coaching a un ejecutivo?

Entre las más comunes que he encontrado en mi práctica, están:

- Que la persona debe asumir un puesto de mayor responsabilidad.
- Que se desea apuntalar su liderazgo.
- Que debe desarrollar habilidades de comunicación.
- Que debe mejorar su efectividad en el manejo de conflictos.
- Que esté preparado para para un cargo en el extranjero.

Lo cierto es que en este tema observo una evolución en las empresas que siguen las tendencias mundiales de profesionalización del coaching. Mientras que hace siete años enviaban principalmente a "los casos perdidos" en busca de

81

soluciones milagrosas, en la actualidad las organizaciones eligen cada vez más el coaching para lo que fue creado: maximizar el potencial de las personas. Es decir, se invierte en personas que son vistas como una oportunidad para la empresa, y de esta manera se marca una diferencia frente al enfoque "rescatista", que confunde el coaching con la psicoterapia. Celebro cada vez que visito a un cliente nuevo y escucho que la empresa lleva ya una trayectoria de formación gerencial enfocada en el desarrollo de las habilidades de liderazgo "estilo coach" en su gente y en sus equipos.

Así como las personas tenemos una pluralidad interna, las organizaciones se caracterizan también por esta orquesta de voces, a menudo inconexas y en conflicto. Una vez familiarizados con el trabajo del equipo interno es posible pasar al trabajo con los equipos "externos", a fin de alinearlos en una estrategia muy similar a la aplicada en los clientes individuales. La diferencia radica en que las voces son asumidas por cada uno de los integrantes del equipo, quienes juegan, a su vez, desde un nivel de conciencia superior al que jugaban cuando eran literalmente poseídos por alguno de sus personajes internos.

CAPÍTULO 10

EL DERRUMBE

Mientras miraba salir a sus jefes, Miguel se quedó sentado en la esquina de la sala, acorralado por la mesa, las sillas y las declaraciones de visión y principios organizacionales que colgaban sobre su cabeza. Necesitaba los dos brazos para apoyarse en la mesa. La mirada perdida.

La coach cerró la puerta con llave y se sentó frente a él.

—Ahora sí nos podemos presentar y estar a nuestras anchas –dijo.

Él la miró durante unos segundos y después volvió a mirar el fondo de la mesa. Las frases que escuchó a continuación le hicieron recuperar el aliento.

Ella le habló de confidencialidad, de generar confianza, de apertura, de apoyarlo, de ser su aliada, más allá de cualquier expectativa o acuerdo establecido con sus jefes. Cada una de estas frases era como un martillazo que iba rompiendo los ladrillos mentales de Miguel. Cuando ella le preguntó qué esperaba del proceso de coaching, Miguel respondió:

—Que me ayudes. No sé si soy la persona correcta para este puesto. Estoy muy presionado y no sé si puedo con este paquete que estoy cargando sobre mis hombros. Hace unos días me sentía en la cumbre de mi carrera y ahora me salen ellos con que no es suficiente. Estoy en el hoyo. Y creo que lo mejor que puedo hacer es renunciar y poner un taller mecánico para ya no tener que lidiar con jefes, ni con alemanes, ni con gente que no hace más que presionarme.

Echó su cuerpo hacia delante y, como una ametralladora, contó los males que lo aquejaban. Cuando tocó el tema de la presión personal por la responsabilidad económica frente a sus hermanas y sus padres, los ojos se le humedecieron y una lágrima que parecía la punta de un hilo de pesca empezó a deslizarse por su mejilla.

Para tener clara la situación, Miguel y su coach armaron un mapa de relaciones. Así les quedó:

MAPA DE RELACIONES INICIAL

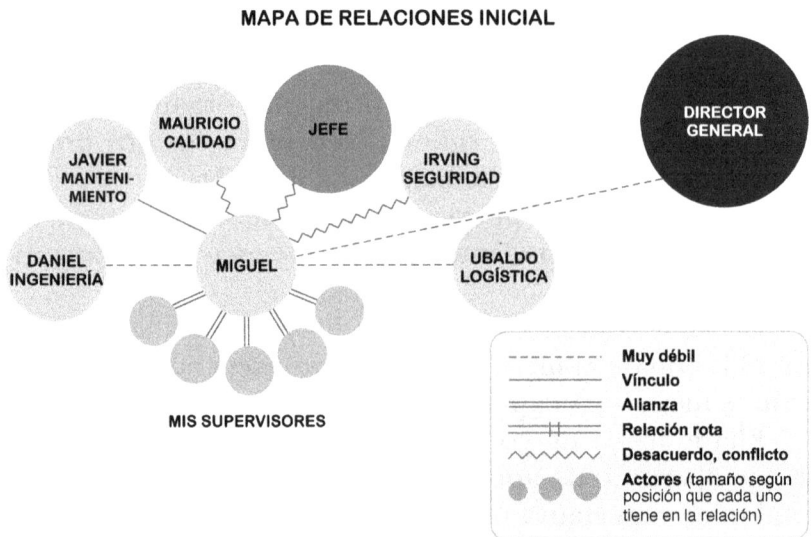

- - - - -	**Muy débil**
————	**Vínculo**
═══════	**Alianza**
══╫══	**Relación rota**
∿∿∿∿∿	**Desacuerdo, conflicto**
● ● ●	**Actores** (tamaño según posición que cada uno tiene en la relación)

Interpretación del mapa

La coach pide a Miguel que evalúe por nivel de prioridad a cada una de las relaciones. La que es más importante para lograr sus resultados recibe un 10 y la menos importante para su efectividad recibe un 1. Sus evaluaciones son las siguientes:

- Califica con 10 la relación con su jefe. Al mismo tiempo, coincide con ser una relación conflictiva. Se trata de su principal foco rojo.
- Otorga un 9 a la relación con Mauricio de Calidad en términos de qué tan importante es para que él (Miguel) logre sus resultados. Esto significa que es una relación vital para su efectividad, pero es justo con quien tiene mayor nivel de conflictos. Este es un segundo punto vital a tratar en el proceso.
- Su principal fortaleza es la alianza que lleva con su equipo, "sus supervisores". Proporcionalmente, la figura muestra una relación de tamaño entre él y su equipo, que se repite al revés al comparar el tamaño de su círculo con el de los gerentes. Esto puede sugerir que se siente identificado con "los de abajo", para los que él, probablemente, es "un grande", y de ahí los conflictos que enfrenta en su relación con los pares y los superiores.
- Relación débil o conflictiva con sus principales interlocutores del mismo nivel: los demás gerentes.
- Relación débil con el director general y con todo el nivel superior. Esto confirma la suposición de su identificación con "los de abajo".
- Único posible aliado en el mismo nivel: Javier, de Mantenimiento, que fue su compañero cuando estuvieron juntos en el área.
- En términos generales, se observa en su percepción una alta dependencia de los demás para lograr sus objetivos, lo que es un obstáculo si las relaciones no son las adecuadas.

—Cuando veo este mapa siento un gran peso. Como si los de arriba se me vinieran encima y me aplastaran. Ellos son los grandotes y yo estoy parado sobre mis cinco patitas, que son los supervisores, a quienes veo como muy leales

–dijo Miguel–. Es como si las patitas no fueran lo suficientemente fuertes como para sostener toda la carga que les cae encima…

—¿Y qué te pasa internamente al ver esto?

—Me estreso. Ya veo por qué no duermo a la noche. Si estoy como Sansón, queriendo cargar con todo el mundo yo solo. Yo solo luchando contra el mundo. Así me siento. Me parece imposible salir de ahí. Tendría que deshacerme de todos los gerentes para poder mostrar yo solo todo lo que puedo… Ya oíste a Stockelsdorf, lo que no dijo es que a los gerentes yo les caigo mal.

—Entiendo que te sientas solo en esta situación. Ya que hablas de que te parece imposible salir de esto, ¿qué te parece si te hago una pregunta, solamente por fantasear, ante esto que parece imposible?

Miguel asintió.

—Imagina que ahora se te aparece un hada madrina, y que con su varita mágica puede resolver esta red de relaciones que parece muy compleja. Así, de la noche a la mañana, el hada puede resolver esto. ¿Qué crees que sería distinto al día siguiente?

Miguel respiró profundo antes de responder.

—No sentiría la tensión que siento ahora –dijo–. Estaría ocupado en trabajar y no viendo si los otros me critican o no. Estaría trabajando con mis supervisores, pensaría que somos un equipo, aunque el trabajo sea duro; pero que no cargo yo con todo… Sabría ver el futuro y no solo estar de bombero, resolviendo problemas… Mi jefe me trataría con respeto… Los demás gerentes no estarían compitiendo todo el tiempo conmigo y viendo cómo hacen para ridiculizarme en las juntas, sino que seríamos un equipo también… Hablaría inglés y, ¿por qué no?, hasta alemán. Pero estoy trabado, atorado. Creo que no puedo más. Este peso es justamente lo que me hace dudar acerca de si seguir en este trabajo o no.

—¿Podemos hacer un acuerdo ahora, aquí, entre tú y yo, confidencial?

Miguel asintió.

—¿Será posible que te des la oportunidad de ver si eres bueno o no para este trabajo hasta que terminemos con el proceso de coaching? ¿Será posible para ti darte estos meses para pensarlo?

—Sí, me parece buena idea.

—Muy bien, podemos jugar con esa idea cuanto necesites, y al final del proceso te decides, ¿de acuerdo?

Miguel asintió.

—Ahora dime: ¿alguna vez en tu vida has estado frente a una meta importante o una situación que te haya parecido infranqueable, pero que de alguna manera lograste resolver?

—Muchísimas veces –dijo, y empezó a contar lo que significó para él entrar en la secundaria. Lo que movió para irse a la ciudad, al bachillerato. Habló de la Damiana, de su padre, de su deseo de ser ingeniero.

—¿Y cuál fue el recurso personal más importante que te ayudó a lograr eso que querías?

—Mi voz –dijo de inmediato, contundente, seguro.

—¿Cómo tu voz?

—Sí, ser el solista, que es el que mejor canta. Ser respetado. Ser más. Salir adelante.

—¿Y cómo usas ese recurso de tu voz de solista en la actualidad, en tu trabajo?

—No –dijo, y agachó la mirada–, acá eso no se usa. Acá yo me callo. Acá yo no hablo. Acá yo vengo a trabajar. Acá ni siquiera saben que canto, ni que toco la guitarra. Acá solo mis colaboradores me obedecen, porque saben que soy como ellos y que logré subir. Los gerentes, los jefes y los alemanes no me hacen caso, como viste.

—No te hacen caso. Si me permites fantasear otro poco, no para que hagas algo en la realidad, solo de forma hipotética: ¿cómo crees que podría ser un Miguel cuya voz se pudiera escuchar como si fuera una especie de solista, seguro de sí aquí en la empresa, para que sí te hagan caso? ¿Cómo sería alguien así?

Miguel hizo un largo silencio. Inhaló profundamente.

—Sería… como después de que vino el hada madrina… –las lágrimas, gordas, pesadas, le corrieron de nuevo por las mejillas hasta caer sobre su mano sin que él hiciera nada por detenerlas–. Líder… seguro… resuelto… diferente…

—Diferente ¿de quién?

—De mí.

—¿Y será posible?

—Nunca se me había ocurrido pensar en esto. Me había olvidado de que tuve una voz…

Miguel hizo un largo silencio con la mirada puesta sobre la mesa. De pronto se puso de pie, con las dos piernas bien abiertas, para equilibrarse, se limpió la cara y dijo, elevando por primera vez el volumen de la voz:

—Ya lo pensé. Quiero seguir trabajando acá y hacer lo que esté en mis manos para mejorar mis resultados. Quiero creerme que estoy en este puesto porque puedo con él y con más. He salido de situaciones mucho peores en mi vida, donde no tenía ni qué comer, me golpeaban y me humillaban, así que no veo por qué no pueda salir de esta. Y quiero, por encima de todo, recuperar mi voz y que mi voz se escuche y todos la reconozcan en la empresa. La pregunta va a ser: "¿cómo?".

CAPÍTULO 11

APLICACIÓN DEL MODELO

Friedemann Schulz von Thun fue por muchos años investigador en Psicología de la Comunicación de la Universidad de Hamburgo. En Alemania es uno de los autores de cabecera; su modelo de comunicación es la base para la capacitación gerencial y su metodología de coaching es la más difundida.

"Desarrollé el Modelo del equipo interno para hacer manejable y comprensible la vida interior del ser humano, y también para tener un método accesible para transformar la carencia en virtud. Cuando hablo de carencia, me refiero al hecho de que con frecuencia no somos 'un alma en un pecho' en nuestro interior, sino que dentro de nosotros impera el caos y cierta cantidad de conflictos internos que nos pueden conducir desde rupturas desgarradoras hasta lo que podrían ser guerras civiles internas. Y cuando hablo de virtud me refiero a que podemos utilizar la variedad de voces interiores para alcanzar la sabiduría y la fuerza de cada una de dichas voces, de modo tal que convirtamos el montón de voces peleadas en un equipo interno, bajo la dirección de un jefe, un director que tiene un buen vínculo con cada una y que practica el arte del liderazgo colaborativo."

Las seis enseñanzas del equipo interno de acuerdo con Friedemann Schulz von Thun

1. Pluralidad interna del ser humano

2. Liderazgo interno

3. Manejo interno de conflictos

4. Construcción de la personalidad

5. Cambios en la alineación

6. Contenido de una situación

1. La enseñanza de la pluralidad interna del ser humano

Como ya dijimos, hay muchos personajes dentro de nosotros, represen-
tados con voz y voto. Además, estas
voces están a veces en concordan-
cia, otras en oposición y sobre todo,
en desorden, igual que en los equipos externos. Una pregunta clave es:
¿quién mantiene unido al equipo y se
asegura de que salga un "yo" auténtico, unido, integrado, como resultado
de este "nosotros" interno?

2. La enseñanza del liderazgo interno

¿Quién es el líder del equipo y cuál es
su función? ¿Cómo genera sinergias
en este nudo interno y cómo crea un
equipo real? Este líder tiene un arduo
trabajo a causa de los conflictos masi-
vos que se viven en el equipo interno.
El liderazgo viene como resultado del
"darse cuenta" durante el proceso de
coaching, dado que la persona necesita asumir el mando de su vida interior
siendo consciente de que cada voz o
personaje es solo eso: una parte que la constituye y a la que se
ha "pegado" o en la que se ha quedado "congelada", y que gracias a la toma de distancia y a poder mirar toda la diversidad
que la conforma, la persona se vuelve capaz de elegir a cuál de
sus voces interiores le asignará el rol del líder.
Recuerdo el caso de un cliente, alto ejecutivo a nivel latino-
americano, que tenía "pegado" a su sentido de identidad

un personaje al que llamó "el niño bueno" que debía obedecer, no contradecir y callar ante la autoridad. Después del trabajo con su equipo interno se dio cuenta de que dentro de él habitaba también un negociador extraordinario y un líder, que no podían salir a la luz por tener al niño bueno siempre en la posición de goleador.

3. La enseñanza del manejo interno de conflictos

Para un coach, es tema sabido que los conflictos son inevitables y necesarios para nuestra existencia, pero también es fundamental aprender a reconocerlos y solucionarlos. Y aquí entra un aprendizaje importante: ¿qué conflicto externo puede resolver alguien si en su interior tiene una guerra de guerrillas como la que observamos, por ejemplo, en el caso de Miguel? ¿A quién responde? ¿A quién le hace caso? ¿Qué voz es la que sale a enfrentar al oponente?

4. La enseñanza sobre la construcción de la personalidad

A la luz del Modelo del equipo interno, es posible identificar que en el escenario interior no todos los personajes se presentan de igual manera, sino que unos aparecen antes y otros después, unos delante del telón y otros detrás. Desde la perspectiva del equipo interno, el hecho de que algunos personajes estén relega-

dos detrás del telón o en el sótano puede hacernos creer que tienen menos valor que las voces cantantes. Por eso, el desarrollo del equipo se tiene que dar gracias a la integración de los "desterrados internos" (que a menudo se manifiestan a través de síntomas y signos psicosomáticos). Doy un ejemplo: en una situación de conflicto, una clienta de coaching gritó y amenazó a otra persona. Esa fue la voz cantante, para ella, en esa situación; pero muchas horas después, al intentar dormir, la inundó una culpa que la desveló, con el consecuente miedo a ser despedida de su empleo por su actitud agresiva. Estas dos voces (el miedo y la culpa) aparecen en ella cuando suelta la tensión del día, como si emergieran del sótano. No la dejan en paz durante la noche, pero a la mañana siguiente las va olvidando, las "manda a dormir", para sacar inconscientemente a los personajes con los que opera durante su vida despierta.

5. La enseñanza de realizar cambios en la alineación interior

Dependiendo de la situación, del oponente a enfrentar y del contexto, se hace una alineación de los jugadores en un equipo de fútbol. De igual forma, nosotros, en la vida, pisamos el terreno de juego con alineaciones de jugadores muy distintas. Esto sucede de forma espontánea y automática. Para mejorar nuestra alineación interior tenemos que incorporar una nueva enseñanza: es posible sacar al mejor jugador en cada situación que enfrentemos, así como "dejar en el banco de suplentes" a los que en ese juego no necesitamos. Pensemos, por ejemplo, de qué manera nos relacionamos con nuestra madre, con nuestro jefe

o con nuestro mejor amigo. "Sacamos" distintas partes de nosotros en cada relación y en cada situación sin ser conscientes de ello, y gracias a esto creamos también patrones de interacción diversos. El aprendizaje durante el proceso de coaching, cuando se aplica el Modelo del equipo interno, conduce al cliente a hacerse responsable de elegir la alineación que más le convenga, en especial en situaciones complejas.

6. La enseñanza del contenido de una situación

Se hace la disposición de los jugadores del equipo interno en armonía con la situación concreta que se vive. Aquí se cierra el círculo en el que el concepto del "acuerdo" surge de validar y adaptarse a la situación sin dejar de mirar a la persona. Si el objetivo es tener una comunicación efectiva, es necesario tener primero un acuerdo del equipo interno, para después actuar conforme con el sistema y el contexto en que se encuentre la persona. Esto permite crear un mensaje congruente con la vida interior y con las acciones, así como coherente en su forma de expresarse.

Los niveles de conciencia que se desarrollan con este método

1. Hay un nivel de conciencia que nos da la posibilidad de dar un paso atrás y mirar la imagen completa. Es un nivel de darse cuenta que no actúa, no está relacionado con resultados. Observa y descubre.

2. El segundo nivel nos brinda la posibilidad de ser testigos de la experiencia como proceso dinámico constante y cambiante. En este nivel es donde nos preguntamos:

¿Cómo estoy siendo?

¿Cómo me estoy relacionando en este momento?

¿Qué tipos de personajes están activos en mí?

3. El tercer nivel es un proceso de vivir desde un "yo" consciente. Es decirnos, como dicen Hal y Sidra Stone: "Alguien tiene que vivir mi vida usando el regalo de la conciencia y de la experiencia. Este alguien es mi yo consciente, ubicado muy por encima de las limitaciones propias de cada personaje o del mero ser testigo de la experiencia".

¿Y después?

Una vez adquirido un nivel superior de conciencia, nos movemos para comunicarnos con el otro. Desde el planteamiento de Schulz von Thun, el ideal de una comunicación efectiva es: lograr un doble acuerdo entre uno mismo y el contenido que estoy transmitiendo. Es decir, lograr la integridad individual en ese doble diálogo: el interior y el que llevamos con otra persona.

Dado que los seres humanos nos encontramos siempre dentro de un sistema y nuestra comunicación se ve influida por el sistema, sumar el hecho de que esa comunicación, que llevamos a cabo con integridad, nos lleve a conducirnos con efectividad en un sistema dado.

Desde un concepto como este, necesitamos un conocimiento doble: el del ser humano interno y el de las características esenciales de una situación unida a un sistema y su lógica interna. Después, debemos entrar en el proceso de relacionar y dar sentido a los dos conocimientos. Aquí reside la función clave del coach, porque es quien ayuda al cliente a traer a la conciencia las características de su pluralidad interna con la mirada puesta en el logro de la integridad, y luego lo ayuda a develar las reglas implícitas del sistema en el que se encuentra y a identificar, validar y legitimar su posición dentro de ese sistema.

Auténtico y congruente + orientado a la efectividad = comunicador eficaz

El modelo propuesto por Schulz von Thun logra un gran aporte, ya que integra y reconcilia dos grandes escuelas de pensamiento que hasta hace poco tiempo parecían inconexas y competían por la primacía en las disciplinas del conocimiento humano: el pensamiento humanista con el ideal de la personalidad autónoma en busca de su realización personal, del que se desprendieron una serie de escuelas de psicología, filosofía y comunicación; y el pensamiento y la terapia sistémica, que entiende que el ser humano logra su identidad solo como parte de un todo y se concibe básicamente desde los roles y las posiciones que juega en cada uno de los sistemas de los que forma parte.

Cuarteto de Schulz

Una vez que entendemos la diversidad de voces internas que nos constituyen, es importante dar un salto hacia afuera y mirar también el fenómeno de la comunicación interpersonal, porque ahí, en la "frontera" –como denomina Bajtín al lugar de encuentro entre dos seres humanos– nos topamos con "otro", igualmente diverso y complejo en su vida interior.

En ambos casos lo que hay detrás tiene que ver con la presión que el medio ejerce en nosotros. El primer momento lo podemos llamar "impresión" y se da cuando lo que está fuera de nosotros entra y genera presión para meterse en la mente y el cuerpo (im-presión). Eso que entra deja una huella y se convierte en una energía, voz o personaje dentro de nosotros. El segundo movimiento es el opuesto, el de la expresión, es decir, el sacar la presión de dentro hacia fuera en el acto de comunicar. La armonía en la comunicación con el otro solo es posible si eso que sale (ex-presión) resulta de una voz que es líder del equipo que lo constituye.

Después de muchos años de investigación en comunicación, construyendo también a partir de los alcances logrados por Paul Watzlawick, Schulz von Thun encontró que no son dos, sino cuatro los mensajes que intercambiamos de manera simultánea al conversar con otra persona. Él sostiene que de nuestra boca sale una palabra, pero que esa palabra está constituida por cuatro voces integradas en un "cuarteto" tan armónico que, normalmente, no es advertido como tal por el interlocutor ni por el hablante, aunque sea parte del "mensaje recibido".

Ahora bien, ese mensaje que yo emití y que consta de cuatro "submensajes" es a menudo interpretado de una forma que no es la que yo esperaba. Por ejemplo, si le digo a mi pareja que "hoy no puedo ir al cine" al pensar sencillamente en comunicar ese contenido, mi pareja puede responder de una forma que a mí me desconcierta cuando me dice: "Claro, es que yo no te importo. Lo único que te interesa es tu trabajo. ¡Te crees superior!". Podemos suponer, en este caso, que mi pareja está escuchando un mensaje referido a la relación ("Yo no te importo") y otro referido a su identidad ("Te crees superior").

Estas cuatro voces, amalgamadas, constituyen el origen de los malentendidos, del sesgo en la comprensión, de la falta de acuerdo y de la adjudicación de intenciones que constituyen un obstáculo en la legitimación del otro. Son también la base de las distintas interpretaciones culturales de la comunicación, y a menudo conforman una especie de sombra o ceguera en nuestra comunicación, dado que en su mayoría se transmiten por ese 90% que emitimos de manera inconsciente a través de la voz, el tono, la mirada, la velocidad, la corporalidad, la emocionalidad y las sensaciones o síntomas internos.

Esos mensajes son:

A) *Contenido de la interacción*
Hace referencia al contenido "técnico" o "tema concreto" del que se habla. Si en una junta se está hablando de los bujes, de la planificación anual, de los paros de línea, estos son los contenidos técnicos de la conversación.

B) *Mensaje referido a la identidad de los hablantes*
Hace referencia a quién soy yo a partir de lo que digo, cómo me presento en el mundo a través del diálogo contigo. A qué voz de mi equipo interno considero "la voz cantante" para mostrarme al mundo "como soy". En este mensaje se incluye cómo me siento, qué preocupaciones tengo, qué aspiraciones o sueños tengo, quién creo que soy yo frente a ti (el grande, el menor, el superior, alguien inferior, el que tiene la razón, etc.).

C) *Mensaje referido a la relación entre ambos*
Habla de cómo me juzgo en relación con el otro, a quién le otorgo mayor poder o autoridad, cómo legitimo o descalifico al otro, qué le quiero demostrar sobre lo que opino de nuestra relación a través de mi mirada, mi tono de voz, el volumen que utilizo, mi lenguaje corporal, etc. Un principio impor-

tante emanado del estudio en el manejo efectivo de conflictos lleva a la conclusión de que en cualquier interacción, pero especialmente en situaciones conflictivas, es indispensable generar primero un acuerdo sobre el tipo de relación que se establece entre los interlocutores, y después los acuerdos sobre los contenidos técnicos que manejarán ambos. Si este principio fuera no solo conocido, sino aplicado cabalmente, las organizaciones se ahorrarían muchos millones en capacitación, facilitación y mediación. Antes de ejecutar un proyecto ¿todos los involucrados tienen claro qué se espera de ellos, sus roles, sus formas de relacionarse y la contribución que harán con su parte al todo?

D) *Mensaje referido a la intención*
En el terreno de la práctica conduce a realizar una petición, a ofrecer o proponer algún tipo de acción. Esto presupone que no hay comunicación sin intención, no existe algo dicho "por casualidad" o "sin razón". Toda comunicación lleva implícita una petición, un acuerdo, una necesidad de coordinación con el otro, de otra manera no hay razón para acercarse a conversar. En muchas ocasiones, la intención puede ser meramente "necesito que me escuches". Ya Watzlawick, en su *Teoría de la comunicación humana*, en 1980, presentaba, dentro de los axiomas de la comunicación, en primer lugar, que la comunicación es inevitable dado que toda conducta es comunicación, y en segundo lugar, que toda comunicación es intencional. En este sentido, nuestros personajes internos, en ocasiones, nos hacen de las suyas al sacar de nuestra boca frases de las que después nos arrepentimos y justificamos diciendo: "No fue mi intención". Es cierto que nos cuesta aceptar

cuándo dañamos u ofendemos, pero lo que resulta importante aquí es desarrollar un nivel de conciencia que nos esclarezca "quién", en nuestro interior, se pronunció con esas palabras y qué mensaje nos está queriendo enviar, además del que envió a la otra persona.

El coach con cuatro orejas y cuatro lenguas

Para el coach se presenta entonces el reto de aprender a escuchar estos cuatro mensajes e indagar sobre ellos, como si parte de su quehacer fuera desarrollar "cuatro lenguas y cuatro orejas" sabiendo que detrás de cada una de esas lenguas pueden esconderse varios personajes de la vida interna de su cliente.

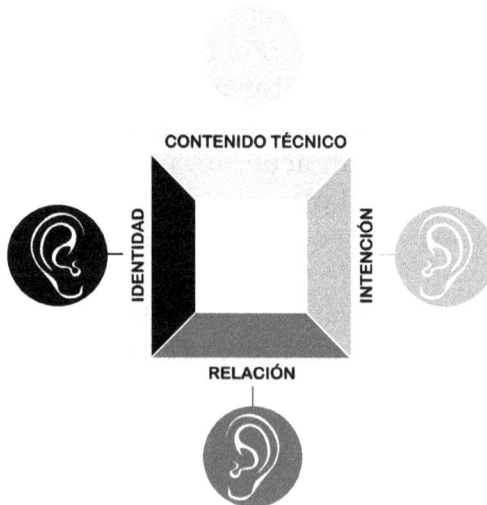

CAPÍTULO 12

MONTAÑA RUSA

En todos los años de conocerlo, a la esposa de Miguel nunca le había pasado nada igual: ¡Miguel hablaba sin parar durante horas y ni un intento de encender la televisión en toda la noche! "Esto sí que es notable", pensaba la mujer, "hay que dejarlo hablar". Miguel contaba lo que le había pasado, la junta, el coaching, pero sobre todo hablaba de su voz de solista, que quería recuperar. "No sé cómo la mantuve callada por tantos años", dijo. "Siento que tengo que recuperar el tiempo perdido con ustedes, que son mi familia, y por eso me voy a esforzar en estar presente en la casa, hacer paseos con los niños y ser el papá que siempre quise ser."

El sábado siguiente a su primera sesión de coaching Miguel llevó a su familia a Sierra de Lobos y apagó la radio durante el trayecto para contar historias de su infancia, cantar las composiciones de su padre y pasar el rato "en familia", compartiendo, contento; jugó con los niños, jugó a ser el solista, el padre, el jefe de familia.

Pero todo lo que sube tiende a bajar y lo mismo sucedió con la enorme energía positiva de Miguel ni bien regresó el lunes a la empresa. Recibió críticas a su presentación en la junta de Producción frente a media planta, tuvo que soportar que su jefe le gritara y lo humillara frente a todos sus colaboradores del piso porque salió mal el cambio de ingeniería, y para completar el cuadro, tuvo que arreglárselas solo con dos personas como participantes de la junta a la que convocó para revisar los cambios por los que el jefe le había gritado. Al día siguiente se haría otra junta con todos los gerentes y su jefe, en la cual sería observado por la coach.

CUADERNO DE LA COACH

Sesión de observación en la junta del equipo de gerentes con el jefe.
Coachee: Miguel
Empresa: Teile-X
Día: martes 10:00 am (después de sesión 1)

Observaciones

 • Gerente de Calidad de pie al frente del salón, Miguel atrás, en lo oscuro (desaparecido, desdibujado), luz apagada.

- Gerente de Calidad habla para atacar a Miguel (cinco ocasiones en 10 minutos).
- Miguel titubea, tartamudea, se justifica, intenta inculpar a otros, o calla y pasa las diapositivas.
- Las miradas de todos están puestas en el Gerente de Calidad, aunque sea Miguel quien tiene la palabra.
- Gerente de Mantenimiento callado, anota.
- Miguel ocupado en mirar la pantalla de su computadora. No levanta la mirada para responder.
- Gerente de Ingeniería entra y sale cinco veces, ocupado con Blackberry.
- Gerentes de Seguridad y de Logística conversan entre ellos, desinteresados.
- Jefe callado durante toda la reunión, solamente anota. Más consciente de mi presencia que los demás. Al inicio, me dijo que intencionalmente no iba a intervenir, para dejarlos interactuar. En ocasiones se da vuelta para mirarme y señalarme algo que le parece importante que yo observe.
- Tipo de conversaciones: ataque, defensa y contraataque. Jugar para no perder. Cada cual defiende su territorio.
- Tensión en la sala.
- ¿Liderazgo de Miguel? Queda fuera de las miradas, el círculo de miradas lo excluye.
- Feedback a Miguel: cambio de posición, tomar el territorio, colocarse donde ahora está el Gerente de Calidad. Delegar la computadora. Dirigir mirada. Facilitar la reunión. Apropiarse de su rol. Que logre convencerse y convencerme: ¡soy gerente y soy líder! Ojo: creo que será un gran reto para él posicionarse ante los gerentes, pues ya observo conductas habituales en las que él no aparece como líder.

CAPÍTULO 13

PASOS BÁSICOS DE TRABAJO

Gran parte de los temas que se trabajan en coaching tienen que ver con conflictos o dilemas generados porque el cliente necesita tomar decisiones y no sabe cómo proceder: ¿será mejor abordar un tema delicado o callar? ¿Será la mejor decisión despedir a un miembro del equipo o aguantar su negativismo? ¿Se podrá adaptar a la nueva circunstancia en la empresa o seguirá resistiéndose? ¿Será ya tiempo de dejar la empresa e independizarse? ¿Podrá ser capaz de trabajar por más tiempo con ese jefe con el que no se entiende? ¿Cómo hacer para mantener la calma en lugar de explotar cuando las cosas no suceden como se desea?

Para tomar una decisión fundamentada, a menudo es importante escuchar todas las voces internas y los aspectos involucrados en la decisión. De ahí que esta herramienta apoya al coach de una forma sencilla e integral.

¿Cuándo es especialmente útil el uso del equipo interno en coaching?

1. Cuando el cliente necesita entender lo que hay detrás de algún comportamiento propio que él mismo no comprende. ¿Por qué les grito a los colaboradores si sé que después me arrepiento y me tienen miedo? ¿Por qué caigo una y otra vez en lo mismo aunque me proponga mejorar? ¿Por qué me quedo callado siempre que estoy ante los directores y los visitantes extranjeros de la empresa?

2. Cuando necesita aclarar su postura ante algún suceso o ante una toma de decisiones.

3. Cuando se quiere preparar para enfrentar una situación difícil, por ejemplo una conversación conflictiva que deberá manejar efectivamente.

Una vez que han sido escuchados los motivos internos que se encuentran en conflicto, va creciendo la comprensión de sí mismo. Después, al adquirir niveles más profundos de conciencia y en un tercer momento, se encuentran formas más efectivas de actuar.

Dependencia del contexto

Una característica de los miembros del equipo interno es que aparecen en ciertos contextos, dependiendo de la persona, la situación, el tema, el reto.

Algunos contextos que podemos diferenciar:

– Hechos cotidianos de cualquier índole, desde que suena el despertador y las voces aparecen al apagarlo: "¿me levanto?", "cinco minutos más…".

– Sucesos especiales que requieren que se asuma una postura, por ejemplo, una conferencia, una boda, un viaje para negociar una compra.

– Hechos que activan voces contradictorias que parecen excluirse en las posibles soluciones.

– Asuntos que requieren toma de decisiones en las que hay valores en conflicto.

– Tareas que exigen lograr algo distinto de lo que se acostumbra.

– Roles. El cliente como jefe, subalterno, esposo, padre. En cada rol de la vida activa hay un equipo interno y una configuración que nos conduce a ciertos comportamientos (muchas veces llenos de conflicto).

– Preguntas existenciales sobre el sentido de la vida.

Escuchar la metáfora

Para que este ejercicio le resulte más útil al cliente, es recomendable aprovechar una metáfora que sea significativa para él. Una metáfora se usa para ayudarlo a describir lo que le sucede a través de su semejanza con otra cosa. Con la práctica he descubierto que es suficiente escuchar atentamente

DIRECTOR TÉCNICO

al cliente para identificar su metáfora. Suele salir de su propia boca.

Si se trata de alguien a quien le gusta mucho el fútbol (u otro deporte), lo más probable es que se sienta cómodo si usa la metáfora del "equipo de fútbol interno" y la "alineación" de los jugadores para tener un equipo ganador. Si se trata de alguien más intelectual, es posible que para él tenga sentido una metáfora del teatro (o del cine), con personajes principales, secundarios, etcétera. Si se trata de alguien apasionado por la música, la metáfora de la orquesta, que puede ser desde una sinfónica hasta una de mariachis o banda. Si es alguien centrado exclusivamente en su trabajo, ¿qué mejor metáfora que "la empresa interna", donde haya un director, un gerente de Recursos Humanos, un sindicalista? Para un médico es sugerente la metáfora de un hospital y para quien tenga que ver con temas marítimos, la del barco con su capitán y sus marineros.

Es importante mantener la misma metáfora que el cliente usa. No se debe empezar "jugando" al fútbol y terminar con los instrumentos de una orquesta. El coach está al servicio del cliente y debe mantener una escucha activa en todo momento. Habrá clientes a los que ninguna metáfora les guste. Con ellos se trabajará entonces así, sin utilizarlas.

Hace poco, un cliente se propuso como meta para su proceso de coaching "llegar a ser el capitán del barco de la empresa". Con él no hubo que indagar demasiado, cuando, dos sesiones más tarde, exploró sus voces internas. Sin tener que hacer mayor inducción, él mismo retomó la idea del barco, el capitán y los oficiales, al ir caracterizando sus personajes internos. Otro cliente, por ejemplo, al comenzar a narrar lo que le sucedía en la empresa, describió un hecho y luego, señalando su hombro derecho, dijo: "y en eso se me sube al hombro un duendecito que me empieza a decir…". Después incluyó en la narración a un dragón y una bruja.

COMANDANTE

CAPÍTULO 14

INMERSIÓN AL FONDO

Miguel llegó a su segunda sesión con tendencia de nuevo a la baja.

—¿Qué quieres lograr el día de hoy? –le preguntó la coach.

—Salir, por lo menos, igual que la sesión anterior. Te cuento que, al instante en que regresé de mi sesión anterior, mi jefe notó el resultado. Cuando llegué a mi lugar de trabajo, en su tono de regaño me preguntó: "Oye ¿por qué llegaste tarde?". Respondí que había estado con mi coach. "Ah, sí, perdón", dijo, "se me olvidó. Y por cierto, te fue bien, ¿verdad? A leguas se te nota".

—Qué gusto. Y para salir por lo menos igual que de la sesión anterior, ¿tienes identificado un objetivo que quieras trabajar?

—Sí, en realidad tengo tres, pero con cumplir con el primero estaré muy contento. Quiero descubrir por qué cuando estoy en las juntas con los gerentes y directores me quedo callado. También quiero saber si eso mismo que me pasa con ellos es lo que me hace quedar callado y no decir nada cuando mi jefe me grita frente a toda la gente.

—¿Para qué te interesa descubrir eso?

—Porque llevo ya muchos cursos, muchos jefes, recibí muchos consejos y sigo en las mismas, sin encontrar qué hay detrás de eso.

—Dime ¿cómo se inserta esto con los objetivos que establecimos para el proceso de coaching? ¿Ves alguna relación?

—Lo relaciono con que Von Stockelsdorf quiere verme como líder de líderes y que sepa decirle que no a él y a mi jefe. Ahí lo conecto. Si no encuentro el fondo, no me respetan, y ¿qué líder puedo ser así?

—¿Cómo te darías cuenta de que alcanzamos ese objetivo en la sesión?

—Si lo que aquí logremos descubrir me lleva a no quedarme callado cuando tengo la razón.

—Y aquí, conmigo, al finalizar la sesión, ¿qué debe pasar para que estés satisfecho y salgas tan contento como de la sesión anterior?

—Ah, aquí, pues, si encuentro qué es lo que me hace quedarme callado y puedo destrabarlo y hacer un plan, lo implementaré en la siguiente junta, mañana.

—Muy bien. ¿Te parece bien que comencemos a explorar?

—Sí.

—Te voy a pedir que te imagines que estás en esa junta del otro día. Toma una respiración profunda para recordar la sala, la gente que está presente. Te pido que me describas qué es lo que está pasando.

—Es la sala más grande de la empresa y está llena de gente; los que no encuentran silla están de pie, apoyados en la pared. Son más de treinta personas: todo Producción, Calidad, Mantenimiento. Yo estoy en la computadora. Antes de la junta, hablé con Javier, el de Mantenimiento, de un tema importante que se iba a tratar y, cuando le di mi opinión, me dijo que pensaba igual que yo. Eso me dio mucha seguridad. Sentí que tenía doble razón. Pero al iniciar la junta, como siempre, empieza el de Calidad hablando de todo el rosario de hallazgos de la semana y ahí empieza el bombardeo.

—¿Cómo es el bombardeo?

—Todo contra mí y mi gente. Lo que no se hizo bien, los rechazos, los *retrabajos*, el *scrap*, los paros de línea que son los que más nos pegan.

—Cuando el de Calidad está bombardeando, ¿puedes identificar algo que te estés diciendo a ti mismo?

—Sí, claro. Estoy pensando que ese carita de engreído ya vino con su guerra semanal, para empezar bien el lunes. Lo odio. Quisiera matarlo. Gritarle que no es cierto, pues yo tengo doble razón. Que se lo pasa manipulando la información para que parezca que yo hago todo mal y quedar él como el angelito. Y luego también pienso que soy un inútil, que no sirvo para este trabajo, que nadie me apoya y me pregunto qué estoy haciendo aquí, y mi voz se debilita.

—A ver si te voy siguiendo. Escucho dos tipos de mensaje: por una parte, hay una voz que dice que no solo tienes la razón, sino que tienes doble razón. Por otra, una voz que odia al de Calidad y lo quiere matar, pero que al mismo tiempo se dirige contra ti y te acusa de inútil. ¿Te estoy siguiendo?

—Sí, así es.

—Muy bien, ¿qué más sucede en la junta?

—Después me toca hablar y empiezo a tartamudear. El de Seguridad me interrumpe. Mi jefe empieza a gritarme delante de todos. Me pongo rojo. Sé que tengo la información, pero me quedo callado. Siento que me voy haciendo chiquito. La voz se me debilita. Pierdo de nuevo.

—¿Y?

—Acabo cargando con todo, para variar. Me angustio, pienso que ahora sí me van a despedir y luego pienso en mis hermanas y mis papás en caso de que me despidieran, y en que debo defender que yo tengo la razón, pero no hago nada. La verdad es que ya estoy harto de que esto me suceda, y por más que pienso no sé qué es lo que me hace volverme chiquito en esas situaciones.

—¿Te parece si exploramos más estas voces, para ver qué encontramos?

—Sí, por supuesto. Me interesa muchísimo.

—Haremos un experimento. Vamos a ir dándoles forma y vida para hacer todo lo posible por conocerlas más, como si se tratara de músicos de una orquesta, o los miembros de un equipo. ¿Con qué idea te sientes más cercano, para usar en la comparación: los músicos o el equipo?

—Pues… como un equipo de fútbol, para variar.

—¿Con cuál de las voces quieres comenzar?

—Con la voz debilitada.

VOZ 1
1ª POSICIÓN

La coach tomó un papel y escribió en letras grandes: "voz debilitada".

—Colócala en algún lugar de la sala, donde creas que corresponda –dijo.

Miguel se puso de pie y la pegó en la pared derecha.

—Ahora colócate en ese lugar, frente al papel, y asume la postura corporal que esa voz debilitada tiene. Elige estar sentado, de pie o como mejor puedas representar esa voz.

Miguel se puso de pie, de espaldas a la pared.

—Mientras te encuentres en ese lugar no vas a hablar como Miguel, sino como la voz debilitada, ¿de acuerdo? –dijo la coach mientras se ponía de pie y se colocaba a la izquierda de Miguel. Y agregó:

—Ahora asume la corporalidad de la voz debilitada y describe lo que haces.

Miguel miró hacia el suelo y dijo:

—Tengo los hombros caídos, las rodillas dobladas. Soy débil. Apenas respiro –se tocó el pecho y se quedó un momento quieto, como tratando de sentir la respiración–. Siento el cuerpo flojo. Las piernas no me responderían si quisiera salir corriendo.

—¿Cómo es tu nivel de energía?

—Muy bajo.

—Como miembro del equipo de Miguel, ¿de qué tamaño eres?

—Soy pequeño, flaco.

—Cuando miras hacia el suelo, ¿en qué piensas?

—Quiero desaparecer.

—¿Cuál es el sentimiento que más te acompaña?

—El miedo –se atrevió a decir después de una pausa prolongada.

—¿Cuándo surges? ¿En qué tipo de lugar o de contexto?

—Cuando no hay certeza.

—¿Y ante quién?

—Ante… Ante… alguien que está en una línea de autoridad… Superior. Sí, nunca me había fijado, solo ante gente que tiene autoridad sobre mí –de nuevo se quedó pensativo.

—¿Y cómo te manifiestas para que Miguel se percate de tu presencia?

—Más bien hago que Miguel se quede callado –dijo con voz muy baja y lenta.

—¿Hay algún baluarte o alguna verdad que defiendas en la vida como voz débil de Miguel?

—Baluarte… Mmm… defiendo que salga bien librado… de la adversidad.

—¿O sea que si Miguel se queda callado ante una autoridad, significa que ahí estás tú actuando para que salga bien librado de la adversidad?

—Exacto.

—¿Para qué haces esto?

De nuevo hizo un silencio prolongado antes de responder.

—Para salir vivo de esta –dijo–, como cuando me golpeaban en la secundaria. Yo sufrí eso que… ahora llaman *bullying* y… –una lágrima gorda empezó a caer por su mejilla izquierda–. Nunca había hablado de esto con nadie…

Hizo un silencio.

—¿Qué te está pasando?

—Estoy recordando.

—¿Se parece esto que vives en la empresa a lo que te sucedió en la escuela?

—Sí… No… No… Sí… No, pero… en realidad, no.

—¿Qué es diferente ahora?

—Todo es diferente, yo soy otro.

—Bueno, tú como voz, creo que sigue siendo la misma, tal vez el que es otro es Miguel, ¿cierto?

—Sí, Miguel es otro –inhaló profundamente. La mirada siempre sumida en el suelo.

—Volvamos a ti como voz, ¿me puedes decir con qué sueñas tú?

—Con que desaparezcan todos los que me atacan.

—Dime algo: ¿tienes tú un nombre? ¿Cómo te llamas?

EL DÉBIL

—Yo soy El Débil.

—El Débil –hizo un pausa–. ¿Hay algún comportamiento que sería como un tabú para ti, algo que nunca harías, en tu calidad de débil?

—Abrir la boca o defenderme.

—¿Qué pasaría contigo si abres la boca?

—Me arriesgo a que me maten o me corran.

—Entonces, ¿identificas cuál es tu papel en la vida de Miguel?

Respiró profundo. La lágrima corrió por su cara sin que él la detuviera. Mantuvo la mirada congelada en el suelo.

—Es… ayudarlo a sobrevivir a los golpes.

—Parece que lo proteges. Así que tienes buenas intenciones con Miguel.

—Sí, aprendí que si me quedo callado, estoy atento a escuchar y me doy cuenta cuándo se me van a venir encima. Si no hago nada, se van más rápido que si me muevo.

—¿Quiénes se te vienen encima?

—Antes, en la escuela, unos de una pandilla, y ahora, por ejemplo, el de Calidad.

—Y tú defiendes a Miguel como lo hacías antes –hizo una pausa–. Dime algo: cuando Miguel actúa siendo manejado por ti, ¿quién es Miguel y qué resultados es capaz de obtener?

—Nunca había pensado en esto antes. Pues… se vuelve un débil… y no logra nada… O lo logra a duras penas. O lo hace mal. O lo hace tarde y lo regañan…

—Te quiero agradecer, Débil, por todo lo que has compartido conmigo. Ahora te voy a pedir que tomes una inhalación profunda y, mientras inhalas, intensifica las sensaciones que tengas de tu cuerpo en esta postura. Toma otro poco de aire y hazlas aún más intensas… Y al exhalar, suelta todo el aire rápidamente y saca también la tensión del cuerpo. Cambia tu mirada, muévete, sacúdete y vete desprendiendo poco a poco de este personaje para volver a ser Miguel. Cuando estés listo, regresa a tu silla.

Miguel se sacudió, movió los hombros, caminó moviendo el cuello a los lados y finalmente se sentó frente a la coach.

—Esto es de una profundidad muy grande –dijo–. Nunca había vivido algo así. Es… –su mirada se clavó en la pared, en el punto donde estuvo personificando al Débil–. Nunca había contado cómo me golpeaban…

—¿Y qué te pasa ahora que lo hiciste?

—Me libera…

—Dijiste que hoy eres otro, Miguel. ¿Qué contribución ha hecho este personaje para que el día de hoy seas quien eres?

—Mucho, muchísimo. Por ejemplo, a mis hijos los estoy educando para que eso nunca les pase, aunque, claro, no les cuento lo que me hacían a mí.

—¿Le quieres agradecer algo a esta voz?

—Sí, gracias a ella aprendí a sobrevivir.

—Y ahora, en el presente, ¿para qué la quieres seguir usando?

—No, ahora ya no la quiero, no me sirve. Me estorba.

—¿Qué te pasa al decir esto?

—Me gusta, me da fuerza. Esto es lo que me tenía atorado, tal vez. Nunca se me había ocurrido que por eso me quedara callado.

—Y tú eliges qué vas a querer hacer con esta y con las demás voces.

—Con seguridad, a esta ya no la quiero.

—Muy bien, más adelante vamos a hacer ese movimiento. ¿Quieres ahora que exploremos la siguiente voz y dejemos al Débil ahí, mientras tanto?

—Sí, por supuesto. Quiero explorar el fondo.

—¿Te sientes como para entrar en la otra voz que habías mostrado al inicio, esa que está enojada, que se queja y luego te ataca diciéndote que eres un inútil?

—Sí claro.

VOZ 2
2ª POSICIÓN

Se puso de pie y buscó un lugar, justo en la pared opuesta a la de la voz débil. Escribió "El Negro".

—Muy bien, te pido que hagas una respiración profunda, asumas la posición y la actitud de esta nueva voz que te habla cuando están bombardeándote en una junta. Al inhalar, identifica la postura corporal, las sensaciones y tensiones de esta voz. ¿Me puedes describir cómo eres físicamente?

NEGRO ENMASCARADO

—Soy grande, fuerte. Estoy bien firme. Tengo las piernas tensas y musculosas. El brazo más fuerte del planeta es este. Tengo mi máscara negra para que nadie me vea. La voz ronca. Y cuando hablo, mi voz retumba a medio kilómetro.

—¿Quién eres?

—Soy el Negro Enmascarado, la fuerza que destruye todo –dijo esto mientras cerraba el puño.

Su voz sonó hasta un poco infantil, como si realmente ya se hubiera apropiado de ese personaje desde hace más tiempo.

—Mucho gusto, Negro Enmascarado. ¿Me puedes decir desde ahí, donde estás parado, a quién diriges tu mirada?

EL CONFORMISTA

—A ese débil que tengo enfrente. Y a otro –dijo, señalando un punto a su derecha sin volverse a verlo–: al Conformista.

—¿Hay un conformista en el juego?

—Sí.

—¿Quieres que pongamos un papel y marquemos su lugar? –Su postura se hizo rígida, miró al frente y su brazo derecho señaló con firmeza al Conformista.

—Sí.

La coach le dio un papel y Miguel lo colocó en el suelo, a su derecha.

—Me decías que diriges tu mirada contra ellos. ¿Hay alguien más a quien miras?

—Sí, a todos los que intentan destruir a Miguel. A esos los ataco.

—Te voy a pedir que te coloques y mires a quien más sea tu foco de atención.

Miguel movió el cuerpo y miró fijamente al Conformista.

—Veo que estás con los puños cerrados.

—Sí –dijo, y los apretó más.

—¿Me puedes decir qué tipo de mensajes le envías tú a Miguel?

—Le digo: "te lo dije: no debiste aceptar esto, inútil. ¿En qué cabeza cabe haberte ofrecido para eso?". Le tengo que estar recordando que ponga los pies en la tierra y se dé cuenta de que ese sueño de ser el Superman que todo lo puede lo está llevando a la ruina.

—¿Es mi imaginación o estás enojado con alguien?

—Muy enojado, porque Miguel no me hace caso, y por más que le advierto sigue haciéndole caso al Débil o al Conformista –dijo, mientras señalaba hacia la pared de enfrente.

—¿De qué manera te manifiestas tú con tu enojo en la vida de Miguel?

—Aparezco… Sí, en la oscuridad, cuando Miguel se quiere dormir, porque él insiste en mantenerme encerrado. Le recuerdo las tonterías que hizo durante el día. También me hago presente en la oscuridad de su pensamiento después de que ha cometido alguna de las suyas.

—¿Hay alguna forma en que tú te dejes ver hacia el exterior y que otros se den cuenta de tu existencia, además de por los puños cerrados? Por cierto... ¿qué te pasó en la muñeca?

—Rompí un vaso de vidrio –dijo, y soltó una carcajada–. Con toda la fuerza de mi rabia.

—Ah, mira. Perdón, te preguntaba si te manifiestas también de alguna otra forma al exterior…

Miguel hizo una respiración profunda.

—Me parece que… –empezó a tartamudear.

—Estamos en confianza. Te prometo que nadie se va a enterar de esto. Recuerda que estamos en una conversación confidencial y ni Miguel mismo nos escucha.

—Gracias… En ese caso, solo porque es confidencial… Yo… te puedo confesar que… soy… vengativo –dijo con voz entrecortada–. Malo.

—¿Y cómo haces para vengarte?

—Critico a los que me hacen quedar mal.

—¿Con quién los criticas?

—Con mi equipo y con la gente de la línea que está de mi lado. ¿Segura que no se lo vas a decir a nadie?

—Cien por ciento.

—Y luego, con toda la intención, dejo de hacer cosas que sé que le van a impactar al de Calidad en sus resultados. O algo para hacer la vida difícil por algunos días a mi jefe, que cree que tiene derecho a tratarme como a una basura humana. Así me desquito de las que me hacen. La verdad es que no hago nada grave, pues no debe notarlo nadie. Todo queda en lo oscurito. Pero en el fondo me divierto. Lo dulce de la venganza, ¿sabes?

—¿Cuál es el baluarte que defiendes cuando haces eso?

—La justicia. Compenso las injusticias cometidas en mi contra. Además, protejo a Miguel.

—¿Lo proteges?

—Sí, pero como no logro mis objetivos, lo tengo que sacudir y regañar, a ver si me escucha un día.

—¿Y cuál es tu deseo más profundo, como esta voz del Negro Enmascarado?

—Aniquilarlos a todos, para finalmente ser capaz de lograr mi meta y que se reestablezca la justicia. Y ya con todos aniquilados, al menos en mi fantasía, que Miguel me haga caso, aunque sea una vez en su vida.

—¿A quiénes quieres aniquilar?

—A estos dos –dijo señalando al Débil y al Conformista–; y a los que atacan a Miguel.

—¿Y estos dos son fáciles de aniquilar?

—No, porque Miguel les hace demasiado caso.

—Por lo que veo, tienen ustedes dos un gran lío dentro del pecho de Miguel. ¿Y lo dejan descansar alguna vez?

El Enmascarado se rio a carcajadas.

—No, casi nunca lo dejamos en paz –dijo–. Por eso, míralo cómo está.

—Dime algo, aquí, entre nosotros, aprovechando que Miguel se fue de paseo: ¿de qué manera logras tu venganza contra Miguel?

—¿Contra Miguel? ¿Yo? ¡Pero qué preguntitas haces tú!

—Ya ves… Así soy… preguntona…

—Mi venganza contra Miguel… cómo… pues… –miró a la coach con ojos brillantes y con una gran sonrisa sarcástica– Te lo voy a decir: lo hago sufrir. Hago que se sienta culpable, que le duela el estómago…

—¿Así que…?

—Que le duela la gastritis y la cabeza y todo el cuerpo, por ser tan inútil, un "bueno para nada". Y lo que más me gusta es que lo hago sufrir más en la noche, cuando no se puede defender y quiere dormir. A veces siente que se le va la respiración y se ahoga de tantas cosas que le pasan por la cabeza.

—Y a ti te divierte, por lo que veo.

—Sí. Me tendría que haber escuchado desde hace muchos años.

—¿En qué?

—Yo siempre le dije que lo suyo era la música, no la ingeniería.

—¿A quién te pareces, Negro Enmascarado, con esto que dices?

Tragó saliva antes de responder.

—A mi papá… –dijo, e hizo un suspiro de sorpresa–. Nunca había pensado esto…

—¿Y tú se lo pruebas todos los días, digo, que lo suyo no es la ingeniería?

—No lo perdono.

—Dime algo: ¿existe en tu ser negro algún tabú o algún comportamiento que sería imposible que tú tuvieras, una especie de "criptonita" que te destruyera?

—Tú con tus preguntas. Yo que soy lo malo, el vengativo, ¿qué me puede matar? Me podría matar… que… Miguel algún día… ¡gozara! Sí, que disfrutara de algo, eso me mataría. Sí, si dejara de sufrir por lo que le digo y gozara de lo que hace, su trabajo de ingeniero. Si gozara de su mujer y de sus hijos. Creo que eso sería una fuerza destructora para mí.

—Gozar. ¡Qué interesante!

Miguel empezó a mover el cuerpo. Las piernas se le doblaban. Se apoyó contra la pared.

—¿Qué te pasa, Enmascarado? –preguntó la coach.

—No sé, me cansé.

—Te cansaste. ¿Algo más?

—Me aniquiló eso que dije.

—¿Quieres que terminemos?

—Sí.

—Negro Enmascarado, te agradezco mucho haberte tomado este tiempo para conversar. Ahora, Miguel, te pido que en una inhalación intensifiques todas las sensaciones y tensiones del cuerpo provocadas por este personaje. Toma otro poco más de aire, y al exhalar, saca todo de una bocanada, sacúdete, da un paso al frente y camina. Cuando estés listo, regresa a tu lugar.

3ª POSICIÓN
Darse cuenta

Miguel le pidió tiempo para ir al baño. Necesitaba mojarse la cara antes de seguir con la sesión.

—¿De qué te das cuenta? –preguntó la coach.

—Descubrí otro personaje: el Angustiado.

—¿Le hacemos su papel?

Miguel ya lo estaba elaborando. Lo colocó cerca del Conformista en el suelo.

EL ANGUSTIADO

—¿Algo más? –preguntó la coach.

—Demasiadas cosas: que tengo un personaje negro dentro de mí que se parece a mi papá, sin que yo me hubiera dado cuenta. Así que me asustó lo malo que puedo ser, el daño que me hago. Pero sobre todo, lo más fuerte de todo, es que vivo sufriendo y no gozo de nada, no disfruto de nada, y sí, es cierto. Y si sigo así, cargando este peso, sufriendo, quejándome, ¿qué me va a pasar? Qué fuerte, qué fuerte…

—¿Y?

—Y… es que hay otra cosa que acabo de notar. Es sobre el Angustiado. Paso el día agobiado por los resultados del que coordina mi equipo en la empresa. Y me lo paso encima de él, preguntándole cómo va, si ya preparó lo de la semana, si ya sacó la estadística. Vivo angustiado, pensando en esos resultados, cuando, ahora que lo pienso, en dos años que lleva conmigo, ¿cuántas veces ha metido la pata? ¡Cero! Ni una única vez ha dejado de dar resultados. Ni una sola vez ha dejado de cumplir. Pero aún así estoy siempre agobiado por él, y cuando me acerco a su lugar, hasta se agacha, porque me le voy encima. Qué impresionante es esto. Angustiado sin ninguna razón. Esto me abre el camino para dejarlo en paz para que haga su trabajo, y poder ocuparme de cosas que sí agreguen valor.

—Qué gusto que te estés dando cuenta de tantas cosas. Para que tengas este trabajo completo necesitamos dar un último paso. ¿Estás todavía con energía?

—Claro, a morir, dije que iba a ir hasta el fondo…

4ª POSICIÓN
El observador testigo desde el balcón

—Muy bien, para este último paso necesitamos movernos al otro extremo de la sala, desde donde podamos tener una vista panorámica de todo lo que está sucediendo.

La coach buscó otro par de sillas e hizo que Miguel se subiera a una. Ella se subió a la otra.

—Esta es una posición en la que tú encarnas al creador de tu equipo, al director técnico de este equipo de jugadores que se encuentran en la cancha –dijo la coach mostrando a los que se encontraban en la pared y en el suelo. Señaló también las dos sillas que ambos dejaron vacías para colocarse en esa nueva posición más elevada y dijo:

—Imagina que allá sigues sentado con tu coach y estás en tu sesión. En este momento tú te ubicas en una posición de superioridad sobre todos ellos. ¿Me estás siguiendo?

—Sí, sí, ahora soy el director técnico de toda la jugada, tanto de Miguel allá sentado con sus conflictos, como de los jugadores del equipo que están en la cancha.

—Exacto. Dado que eres el director técnico de este equipo interno, puedes tomar decisiones con respecto a tus jugadores. Esto significa que a partir de este momento no tienes por qué permitir que ellos te posean, sino que entrarán en escena cuando tú decidas que lo hagan. Puedes traer a más jugadores, si lo crees conveniente. También puedes decidir enviar al banco a alguno que no te sirva en circunstancias específicas. Es decir, tú, como director técnico, tienes todo el poder de decisión sobre su actuar y sobre la forma en la que influyen en tu vida. ¿Cómo te suena esto?

—Es un alivio. Y sí, claro que quiero hacer cambios.

Rápidamente, Miguel, se dirigió hacia donde estaban los personajes. Marcó un espacio como cancha de fútbol y eligió la parte derecha como sector de ataque. Tomó los papeles en la mano y colocó fuera de la cancha al Débil, al Angustiado y al Negro Enmascarado.

—Estos tres se pueden quedar en el banco –dijo. Después tomó más papeles y empezó a escribir en silencio. A continuación, desplegó la siguiente jugada en el suelo:

—Si sigo sacando a jugar al Débil frente a mis colegas gerentes, jamás lograré que me respeten. Si el Angustiado es el líder de mi equipo, ¿cuándo voy a confiar en ellos y dedicarme a cosas que agreguen valor? Si dejo que el Negro Enmascarado me siga acosando por las noches, terminará aniquilándome y enfermándome. Si a eso le añado los de-

seos de desquitarme de los de arriba, no resuelvo nada y pongo en la cancha a gente que nada tiene que ver.

—¿Cómo es tu nuevo equipo?

—Necesito traer al Solista, ese que cantaba cuando yo era chico. No para que juegue solo, sino porque él puede enfrentarse al público más exigente y porque todos lo admiran. Por eso es el Solista Goleador.

—¿Cómo va a ser la entrada del Solista? ¿Te la puedes imaginar?

—El Solista goleador camina con firmeza y no tiene miedo de tener la sala llena. Al contrario, es lo que más le gusta. Debe de tener información muy actualizada y tiene bases para tomar decisiones. El Solista Goleador es un gerente hecho y derecho, al que no le importa que le tiren a matar, porque sabe cómo defenderse y tiene todo bajo control sin angustiarse, como los alemanes, que para eso se pintan solos.

—¿Cómo te sientes ante la entrada de este Solista Goleador en escena?

—Aliviado. Ese es al que necesito.

—¿Y en qué otros contextos o escenarios entra también este personaje?

—Para ponerle un alto al jefe, para ser el gerente de área, como espera Von Stockelsdorf. Bueno, en mi casa me puede ayudar también, porque el Solista sabe qué necesito, ¿verdad?

—¡Tú eres el director técnico!

—Cierto.

—¿Y los que están detrás de él?

—El Goleador no puede ni debe jugar solo. Alguien le tiene que pasar la pelota. El Solista va a poder golear si está seguro de sí mismo, y por eso necesita que el Doble Razón le mande el pase. Este Doble Razón es importante, pero puede ser un tanto terco si lo dejas solo, de ahí que en la media cancha debe estar un Reflexivo. Y antes de reflexionar, necesito escuchar qué está pasando a mi alrededor.

—Cuando ves esta jugada, ¿qué te genera internamente?

—Es una jugada de ganadores, justo lo que necesito.

—Regresemos entonces a tu posición inicial –los dos volvieron a sentarse–. ¿Qué acciones concretas son posibles ahora, si eliges esta nueva jugada y entrenas a tus nuevos jugadores?

—¿Qué va a ser posible? Todo lo que me proponga; por ejemplo: primero, ir a hablar con mi jefe para decirle que no me vuelva a gritar en público. Dos: necesito tener los informes de producción y los de las líneas a tiempo, para ir preparado a las juntas de los lunes. Tres: no me voy a quejar con nadie porque si me quejo no estoy actuando con el Solista Goleador al frente. Cuatro: con mi coordinador, empiezo a actuar ahora mismo, cuando regrese a la empresa. Justo hoy es cierre de mes y no voy a irle encima, sino que voy a dejar que haga su trabajo como siempre lo ha hecho. Hasta me da vergüenza contarte esto. Pobre hombre. Me ha soportado tanto tiempo... Me voy a sentar con él para ayudarlo a definir prioridades y le voy a dar mi confianza.

Debe tener claro que confío en él. Siento que algo dentro de mí está fluyendo y me está quitando mucha ansiedad mientras te digo esto.

—Por la seguridad con la que hablas ahora, no tengo la menor duda acerca de que cumplirás, por lo pronto, con estos cuatro puntos que mencionas.

—Todo lo anterior me va a permitir salir temprano a descansar. Y en mi casa, el Solista Goleador se tiene que poner en forma de nuevo. Iré todas las noches al deportivo, cuando se duerman los niños, a recuperar mi rutina de ejercicio, que ya era famosa en el vecindario y que muchos copiaban.

—Magnífico. ¿Hay algo en lo que yo te pueda apoyar?

—Seguramente saldrán cosas, pero por ahora ya has hecho muchísimo. Usaré la herramienta de retroalimentación de la empresa para hablar con el jefe y pediré a los supervisores la información sin darles margen para que no entreguen.

—¿Qué ha cambiado en ti, Miguel, que me hablas con otro tono y me miras? ¿Te das cuenta de que hace rato no me mirabas y ahora sí?

—Siento que me quité una gran losa de encima. Me siento liberado, muy extraño, como si en verdad hubiera perdido peso. Creo que el gran cambio está en saber que puedo tener el control de lo que me pasa. Sí, es eso.

—Al inicio de la sesión te hiciste una pregunta que querías resolver en este tiempo. ¿La respondiste?

—Bueno, creo que fuimos demasiado profundo y más allá de mi objetivo. Creo que voy a tardar tiempo en asimilar todo esto que vi el día de hoy. No me voy tan feliz y eufórico como la sesión pasada, pero siento mucha claridad. Con mucha claridad. Así me voy.

—¿Te llevas a tus jugadores?

—¡Puestos!

Miguel y la coach se pusieron de pie. Él levantó del suelo los papeles y los guardó en su cuaderno.

CAPÍTULO 15

RECONOCER Y NOMBRAR CADA VOZ

Reconocer las voces

Primero deben identificarse los "personajes" que están hablando dentro del cliente y que se manifiestan ante el tema que se esté trabajando.

Preguntas posibles:

—¿Qué es lo que te dices internamente cuando piensas en esta situación?

—¿Cómo es tu diálogo interno cuando piensas en esto?

—¿Identificas algo que te digas a ti mismo cuando está pasando eso que narras?

—¿Hay algo más que te digas y que sea distinto de lo anterior?

Es importante escuchar la congruencia entre los mensajes para distinguir los que pueden venir de distintas voces aunque se encuentren mezclados en una misma narración.

Por ejemplo:

"Por una parte, pienso que soy el que genera las mejores estrategias de ventas para la compañía y que soy muy creativo, y por otra parte, cuando están los directores en las juntas, me quedo callado, espero que sean otros los que hablen porque creo que lo mío no vale como lo de ellos."

En este párrafo podemos distinguir dos tipos de voces: la primera tiene como mensaje: "genero las mejores estrategias y soy muy creativo", y la segunda dice: "lo mío no vale como lo de ellos". Son, evidentemente, dos voces contradictorias y en conflicto una con la otra, y vemos que aparecen en dos tipos de situaciones distintas: la primera, cuando el cliente está solo y la segunda, cuando está en juntas con sus superiores.

Los personajes son "puros" y caracterizan un solo estado emocional, una sola energía o una sola postura ante la vida. Esto es clave para no confundir al cliente en la identificación de sus personajes. Sobre todo cuando encarnan los personajes "innombrables" o rechazados, a menudo incluyen una voz contraria, para no "parecer tan malos".

Por ejemplo: una clienta, al personificar a su "envidiosa", comienza por describir todo lo que desea ser o tener de una compañera de trabajo que es linda, inteligente y que tiene mucho éxito con los hombres; y de pronto dice: "Bueno, y no es que no solo la envidio y por eso invento chismes, sino que también hablo bien de ella y reconozco sus virtudes". Aquí, la que intervino ya no fue la envidiosa, sino otra voz que probablemente se sienta culpable al escucharse decir que es envidiosa.

Una clave que a mí me resulta útil para distinguir las voces que aparecen durante el proceso de coaching es pensarlas como si fueran los personajes de un cuento de hadas. La bruja es solo bruja y mala, en ella no cabe la bondad. La princesa es solo eso. El rebelde sin causa solo se mueve en ese plano. El héroe bondadoso solo tiene buenas cualidades.

Bautizar a cada personaje

Si tenemos que trabajar con un cliente que tiene dificultades para contactar con sus voces internas, podemos sugerirle que "busque" alguna de las siguientes, que fueron identificadas por Hal y Sidra Stone (después de trabajar durante décadas con miles de personas en varios países), como las que más se manifiestan, en mayor o menor medida, prácticamente en cualquier ser humano. Variará el nombre, el impacto, el contenido de su mensaje, pero la conformación como personaje puede ser bastante similar a las descripciones que hago a continuación.

Lo primero es saber que una vez que se identifica una primera voz y se le pone nombre ese personaje tiene su opuesto. Así, al "perfeccionista" le corresponde un "imperfecto"; al "emprendedor", un "flojo"; al "complaciente", un "egoísta". Estos opuestos son esas voces que rechazamos y que no estamos dispuestos a aceptar, ya que van en contra de la forma en que nos autodefinimos. (En el sentido de la máxima que suelen utilizar los psicólogos en México, mi país: "lo que te choca, te checa"; o dicho de otra forma: lo que te irrita y te enoja de otros es una parte que te irrita de ti mismo y prefieres no ver.)

Otro punto a saber es que las voces aparecen agrupadas en congruencia con el estilo personal de cada uno. Como si se dieran "en ramillete", congruentes unas con otras y juntas conformaran al protector de nuestra estabilidad y seguridad.

1) **El "crítico interno"** o el "contralor interno"
   En el libro que lleva este mismo título (*The inner critic*), Hal y Sidra Stone ilustran el origen de este personaje, que habita en todo ser humano, con el inicio del cuento *La reina de las nieves* de Hans Christian Andersen. Al releerlo, después de muchísimos años, me vuelve a conectar con el miedo que me causaba cuando era niña:

133

Atención, que vamos a empezar. Cuando hayamos llegado al final de esta parte sabremos más que ahora; pues esta historia trata de un duende perverso, uno de los peores, ¡como que era el diablo en persona! Un día estaba de muy buen humor, pues había construido un espejo dotado de una curiosa propiedad: todo lo bueno y lo bello que en él se reflejaba se encogía hasta casi desaparecer, mientras que lo inútil y lo feo destacaba, y aún se intensificaba. Los paisajes más hermosos aparecían en él como espinacas hervidas, y las personas más virtuosas resultaban repugnantes o se veían en posición invertida, sin tronco y con las caras tan contorsionadas que era imposible reconocerlas; y si uno tenía una peca, podía tener la certeza de que se le extendería por la boca y la nariz. Era muy divertido, decía el diablo. Si un pensamiento bueno y piadoso pasaba por la mente de una persona, en el espejo se reflejaba una risa sardónica, y el diablo se retorcía de puro regocijo por su ingeniosa invención. Cuantos asistían a su escuela de brujería –pues mantenía una escuela para duendes– contaron en todas partes que había ocurrido un milagro; desde aquel día, afirmaban, podía verse cómo son en realidad el mundo y los hombres. Dieron la vuelta al globo con el espejo, y, finalmente, no quedó ya un solo país ni una sola persona que no hubiese aparecido desfigurada en él.

Luego quisieron subir al mismo cielo, deseosos de reírse a costa de los ángeles y de Dios Nuestro Señor. Cuanto más se elevaban con su espejo, tanto más se reía este sarcásticamente, hasta tal punto que a duras penas podían sujetarlo. Siguieron volando y acercándose a Dios y a los ángeles, y he aquí que el espejo tuvo tal acceso de risa, que se soltó de sus manos y cayó a la Tierra, donde quedó roto en cien millones, qué digo, en billones de fragmentos y aún más.

Y justamente entonces causó más trastornos que antes, pues algunos de los pedazos, del tamaño de un grano de arena, dieron la vuelta al mundo, deteniéndose en los sitios donde veían gente, la cual se reflejaba en ellos completamente contrahecha, o bien se limitaban a reproducir solo lo irregular de una cosa, pues cada uno de los minúsculos fragmentos conservaba la misma virtud que el espejo entero.

A algunas personas uno de aquellos pedacitos llegó a metérseles en el corazón, y el resultado fue horrible, pues el corazón se les volvió como un trozo de hielo. Varios pedazos eran del tamaño suficiente para servir de cristales de ventana; pero era muy desagradable mirar a los amigos a través de ellos. Otros fragmentos se emplearon para montar anteojos, y cuando las personas se calaban estas lentes para ver bien y con justicia, huelga decir lo que pasaba. El diablo se reía a reventar, divirtiéndose de lo lindo. Pero algunos pedazos diminutos volaron más lejos...[1]

Cuando alguien se pone los "anteojos del crítico interno", el mensaje principal que escucha es: "tú estás mal y están mal los otros". Es la voz que está constantemente juzgando nuestras acciones. Es esa voz que, sin importar cuánto nos esforcemos ni cuántos éxitos tengamos, se vuelve más y más fuerte para juzgarnos. Es la voz que nos detiene en el proceso de crecer y avanzar en la vida. Bloquea nuestra habilidad para llevar a cabo una vida creativa. Nos hace sentir tan mal frente a un pequeño error que hemos cometido, que algo que tal vez pudo pasar inadvertido será considerado por nosotros como un crimen contra la humanidad. Es la voz que nos critica antes de que otros lo hagan y se la escucha en frases como "estás mal", "eres una gorda despreciable", "estás viejo", "no tienes talento", "no sirves para nada", "eres aburrida", "tú nunca llegarás a nada importante", "eres defectuoso", "eres un impostor". Y sobre todo: "No te mereces...".

Gracias al trabajo profundo hecho por Hal y Sidra Stone con el "crítico interno", es posible distinguir dos funciones primarias de esta voz: por una parte, personifica al "criticón", dedicado a mirar a los otros desde esta deformidad y a no estar nunca satisfecho por estar en permanente búsqueda de defectos o imperfecciones por las cuales juzgarlos, burlarse o descalificarlos. Por otra parte, y esta es la más implacable de sus funciones, este crítico del mundo se vuelve contra nosotros, nos ataca y nos aniquila, mientras el duende del cuento de Andersen se ríe a carcajadas.

---

1. Andersen, Hans Christian: "La reina de las nieves", en *Cuentos*. Fratelli Fabbri Editori, Milán, 1961.

Al respecto, quiero compartir una experiencia que tuve durante la escritura de este libro. Me encontraba inmersa en la lectura de los textos arriba mencionados, en una especie de encierro e introspección, haciendo descubrimientos sobre mí misma (ya que estos temas no me permiten mantenerme "al margen" o asumir una mera aproximación intelectual, libre de involucramiento interno), cuando tuve este sueño:

Iba con mi hijo mayor, corríamos por las calles del barrio de mi infancia, buscando refugio en las casas vecinas, porque nos perseguía mi hermana Pepe Grillo, que disparaba con una escopeta… ¡A matar! Necesitábamos protegernos para sobrevivir al ataque.

Al despertar solté una carcajada. ¡Estaba soñando con mi crítica interna! Con esa que me estaba bombardeando con toda una serie de críticas con respecto a mi propia capacidad para escribir un libro, mi primer libro, representado en el sueño por mi primer hijo. De esta forma, en lugar de sentirme alterada por el contenido del sueño y por la persecución de alguien tan cercano como lo es mi hermana en la vida real, me quedó clarísimo el mensaje de mis voces internas: "tú sola te estás atacando, para que este primer libro muera y no salga a la luz". El darme cuenta de eso me posibilitó integrar esa crítica de Pepe Grillo, para seguir el proceso de la escritura desde un estado de fluidez y de gozo. Ahora bien, no se espante el lector. No se trata de confundirnos con psicólogos ni de quitarle su trabajo a Jung, al psicoanalista ni a nadie. Con el ejemplo anterior, mi intención es mostrar que algunos de nuestros personajes internos se manifiestan en los sueños con el cuerpo de alguna persona que conocemos. Ahí radica el misterio: no en escudriñar por qué esa persona apareció en el sueño, sino a quién de mis voces internas elegí inconscientemente ponerle ese nombre y apellido. Entiéndase bien, no estoy proponiendo que en una sesión de coaching analicemos los sueños de los clientes. De ninguna manera. Solo estoy trayendo a este texto el hecho de que los seres humanos tenemos ese maravilloso recurso, que puede convertirse también en una vía de exploración si a alguien le despierta curiosidad, como a mí. Al respecto y por preferencias personales, recomiendo el enfoque de Jung.

2) **El "complaciente"** o el de "recursos humanos"
Es el que quiere quedar bien, ser el niño bueno, agradable. El que quiere hacer a otros felices. Es el que pone las necesidades de los otros por encima de las suyas, y es capaz de llenarse de trabajo por su incapacidad para decir que no, porque su necesidad de armonía le impide decir algo que lo lleve a un desacuerdo o a un posible conflicto. Hay personas que tienen un complaciente muy grande, muy presente en su vida, y se caracterizan también por su incapacidad para decir que no y por un deseo casi compulsivo por evadir cualquier tipo de desacuerdo, confrontación o diferencia de opinión con otros.
En mi trabajo con gerentes y directivos de distintas culturas, he observado que este personaje se encuentra ocupando una posición mucho más relevante en latinoamericanos y personas provenientes de culturas que pasaron por procesos de colonialización que en europeos o norteamericanos. La sobreidentificación con este personaje causa muchos conflictos de trabajo, dado que, desde el "complaciente interno", la persona olvida enfocarse en los resultados, se orienta excesivamente a "quedar bien" con los demás, a "hacerse amigo" de sus colaboradores y a adoptar una posición de sumisión ante la autoridad que redunda en un desempeño pobre o en incapacidad para man-

tener la disciplina o la orientación a resultados en sus equipos. En el modelo de Riemann-Thomann, el complaciente se ubica en la polaridad de la cercanía y la permanencia, como vimos en el Capítulo 7.

3) **El "emprendedor"**

Es la voz que nos empuja a movernos, a dar más o más rápido o mejor. Nunca está satisfecha y siempre nos pone metas más difíciles de alcanzar. Si la tenemos muy desarrollada, nos convertimos en "caballos de carrera", y perseguimos un objetivo que nunca alcanzaremos. Lo que necesita esta voz es reconocimiento. Quiere que logremos el éxito en la vida. Es la voz de la ambición. La que nos lleva a ir a una librería y comprar muchos libros sobre lo que queremos aprender, hasta que aparece el "crítico interno" y no nos deja en paz por no haber leído, por no haber leído con suficiente cuidado, por haber olvidado lo que leímos o por no ser capaces, como otros, de citar textualmente frases o pensamientos que nos movilizaron. El "crítico" trabaja con el "emprendedor" para decirnos: "míralos; todos están mucho más avanzados que tú".

El "emprendedor" es incansable. Tiene una gran energía y una capacidad de acción apabullante. Nadie es tan rápido, tan efectivo y tan encantador como él. En el modelo de polaridades de Riemann-Thomann, pertenece al grupo de voces que conforman la cercanía y el cambio.

4) **El "perfeccionista"**

Se trata de otro personaje interno que nos ayuda a tener éxito en la vida. Quiere que parezcamos perfectos, actuemos de manera perfecta y seamos perfectos en todo lo que hacemos. No tolera un trabajo descuidado. El "perfeccionista" establece los estándares de la perfección. Y si nuestra meta es la perfección, entonces ¿quién va a ser el encargado de machacarnos todas nuestras imperfecciones? Claro, nuestro amigo: el "crítico interno". El "perfeccionista" es rígido en sus juicios, generaliza mucho y se tiene a sí mismo como la "vara" con la que mide al mundo. Y nadie en su remota existencia podrá cubrir las exigencias o las expectativas puestas en otros. Es el caso del padre al que su hijo le muestra muy orgulloso sus calificaciones finales, en las cuales sacó 100 en todas las materias, con excepción de una, en la que obtuvo un 80. El padre perfeccionista, al ver los resultados le pregunta: "¿Cómo es posible que te sacaras este 80?". En la matriz de polaridades de Riemann-Thomann, corresponde a la distancia y a la permanencia.

Características generales de las voces

1. **El protector**
   El protector es con quien nos identificamos cuando decimos orgullosamente: "Yo soy así". Es la voz que nos sirve como una especie de radar que siempre está encendido para responder, atacar, huir o mantenernos congelados en caso de amenaza. La que tenemos a flor de piel.

2. **Las voces rápidas y las demoradas**
   Las rápidas son las que aparecen de forma espontánea, de inmediato, y participan en los sucesos. Las demoradas aparecen después de horas o días y atacan, a menudo, con mucha más fuerza. Son las que no nos dejan dormir después de haber dicho o hecho algo, o aparecen en sueños, como me sucedió en la ocasión que compartí más arriba.

3. **Las voces gritonas y las que susurran**
A las más calladitas solo las escuchamos cuando detenemos nuestro movimiento, nos desconectamos de la acción y les ponemos mucha atención. En ocasiones son tan silenciosas que aparecen solo como sensaciones difusas o impulsos.

4. **Las voces bienvenidas y las rechazadas**
Las voces desagradables nos dan pena o vergüenza, y si pudiéramos nos desharíamos de ellas. Pero lo cierto es que llegamos a una aceptación de nosotros mismos cuando aprendemos a dar la bienvenida a esas voces que nos resultan desagradables. ¿Dónde quedan, por lo general, esas voces indeseadas? Aparecen por la puerta de atrás y hablan con el dialecto de los órganos, como síntomas corporales (dolores de cabeza, gastritis, ansiedad, etc.), o en sueños.

5. **Las voces aparecen ligadas**
Establecen contacto unas con otras. Hablan entre ellas. Se relacionan y forman la dinámica propia de los equipos. Dependiendo del clima que predomine internamente, nos sentiremos mejor o peor, usaremos nuestra fuerza para solucionar las relaciones internas o en acciones llenas de energía, en el exterior.

CAPÍTULO 16

DETRÁS DEL TELÓN

—¿Coach?

—Sí.

—Hola, soy el jefe de Miguel.

—Qué gusto. ¿A qué debo el honor?

—Te tengo que contar algo: hoy vino Miguel a hablar conmigo y no sé si es algo que tenga que ver con el proceso de coaching.

—Te escucho.

—Vino a decirme que cuando yo lo regaño en público… La verdad es que él exagera, porque dice que le grito, aunque no es cierto. Yo no le grito. Sí subo un poco el volumen de la voz, pero es que él me da pie para que yo me salga de mis casillas, ¿sabes? Bueno, pues me vino a decir que no le gusta que yo lo regañe en público, y que se siente humillado y luego se enoja, y que así él no puede sentirse motivado para trabajar, y que le quito autoridad frente a su gente, y que, por favor, si tengo algo que darle de retroalimentación, se lo diga en privado. ¿Tiene que ver esto con el coaching? ¿Lo enviaste tú a que hablara conmigo?

—No, yo no lo envié. ¿Y cómo recibes tú lo que te dijo?

—Me sacó muchísimo de onda, es lo último que me hubiera esperado de alguien como él, que siempre es el agachado que se queda callado.

—¿Y llegaste a algún acuerdo con él?

—Sí, y no sé cómo hice eso. Le prometí que no lo haré más. Y también, no sé cómo, pero acabé prometiéndole que hablaré bien de él con los demás para que sepan que yo no estoy en guerra contra él, sino que él es mi brazo derecho. En verdad que sigo desconcertado: no sé cómo dije eso.

—¿Y?

—Bueno, no sé qué le pasó. Me dio la impresión de que él estaba poseído por otro. Muy raro. La verdad es que es un cambio radical de un día para el otro, y no me lo esperaba.

—Recuerdo que Stockelsdorf insistió en que aprendiera a decir "no"…

—¡Pero no imaginé que lo fuera a practicar conmigo! –dijo, y soltó una carcajada.

—Y ahora que lo vives, ¿cómo vas a relacionarte con él como su líder?

—Bueno… por la seriedad con la que me habló, veo que tendrán que cambiar algunas cosas. Primero quiero ver si es en verdad algo de fondo, o solo sucedió porque Miguel está en el proceso de coaching contigo, porque, para serte sincero… me saca de mis casillas a menudo.

—Y si el día de hoy logró tener esa conversación tan distinta contigo ¿crees que puedas otorgarle el beneficio de la duda?

—Sí, claro. Sí, claro. Bueno, yo solo quería compartir esto contigo.

—Muchas gracias. Como acordamos, más adelante tendremos una conversación de seguimiento tú y yo. Me dices si quieres que la adelantemos, ¿de acuerdo?

—Sí, claro. Pues era todo. Muchas gracias.

—Hasta luego.

From: miguel.hernandez@teile-x.com
To: coach@gmail.com
CC:
Subject: NOTICIA

Hola coach!

Te pongo al tanto: el viernes fui a la oficina del jefe y hablé con él. Le pedí que nunca más me gritara en público. Creo que no se lo esperaba, y se puso muy serio. Yo le dije todo lo que sentía cuando me grita, cuando me falta el respeto. Me sentí más feliz que en mucho tiempo. Me desahogué por primera vez en todos los años que llevo en la empresa. Hasta lloré de la pura rabia que tenía, y no me dio vergüenza.

Pero la noticia es que hoy a la mañana, en la junta de Producción, con la sala llena como siempre, se puso de pie ¡y me pidió disculpas en público! Dijo muchas cosas buenas de mí. Me reconoció ante todos y pidió disculpas por no saber controlar sus enojos. Dijo que se enoja conmigo porque Producción lo es todo, pero que no tiene nada personal en mi contra. En la empresa todos están hablando de lo que pasó. No lo puedo creer. Necesitaba contártelo. ¡Entrada triunfal del Solista Goleador!

Saludos.

Mit freundlichen Grüßen/Best Regards
Miguel Hernández

CAPÍTULO 17

EXPLORAR CADA PERSONAJE

Para hacerlo, debemos tener presente que la comunicación de los miembros del equipo interno es igual que la que establecemos en nuestras relaciones interpersonales, por lo cual:

A. Los miembros muestran su **identidad** (quién es cada uno de ellos, cómo es, cuál es su nivel de energía, su corporalidad, su estado de ánimo predominante).

B. En el contenido de sus **mensajes** muestran una forma de ver la vida, ya que cada uno de los miembros del equipo la ve a su modo, defiende baluartes, tiene valores que lo impulsan.

C. Por la forma en la que establecen sus **relaciones**, nos dan a conocer cómo se llevan con los demás miembros del equipo interno y qué posición ocupa cada uno en la alineación, lo que piensan de los otros y cómo el "director técnico" se relaciona con otras personas si determinado jugador está al mando.

D. En sus **intenciones,** muestran qué cosas los mueven y para qué actúan como lo hacen, a quién dirigen sus mensajes (al capitán del equipo, a otro miembro del equipo o a un tercero externo), si tienen una intención, algo que necesitan pedir, ofrecer, reclamar o sugerir con la finalidad de que su voz sea escuchada, tanto por los demás jugadores como por el "director técnico".

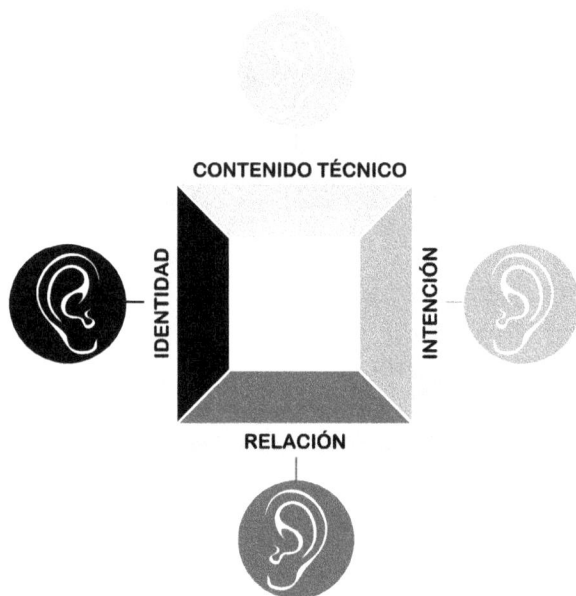

Una vez identificadas al menos dos voces, sus mensajes y los nombres de los miembros del equipo interno, hay que dar el siguiente paso, que es empezar a conocer más claramente a cada jugador usando el "Cuarteto de Schulz" (del que ya hablamos en el Capítulo 11).

Debemos identificar cuál de esos personajes es el más grande, el más ruidoso, el más importante, la voz con la que más se identifica el cliente. Su protector. Así, podremos empezar el trabajo explorando esa voz. Se le pide al cliente que cambie de silla, para que pueda asumir el rol de ese jugador. Durante todo el proceso, el cliente debe informar en primera persona todo lo que dice este miembro del equipo sobre sí mismo, sobre las relaciones que tiene con los demás miembros del equipo, sobre su propósito, su intención y lo que le pide al "director técnico", o sea, al cliente.

También se pueden ir colocando papeles en el suelo con el nombre de cada uno de los miembros del equipo interno y pedirle al cliente que se vaya poniendo en la posición de cada uno. O hacer sencillamente un dibujo y pedirle que hable como cada miembro. En esto no hay límite para la creatividad del coach.

Algunas de las preguntas que se pueden plantear son:

1. Identidad
   a. ¿Cómo es tu físico, tu postura corporal, tu mirada, tu voz, tu tono, tu respiración? Adopta esa postura durante toda la conversación con este jugador o personaje del equipo.
   b. ¿Cómo te ves a ti mismo?
   c. ¿Cómo es tu nivel de energía? ¿Eres alguien muy activo, movido o de menor intensidad?
   d. ¿Qué cosas crees sobre ti mismo?
   e. ¿Cómo es tu estado de ánimo? ¿Cómo te sientes normalmente?
   f. Tú, como miembro del equipo de (*Juan*), ¿con qué sueñas? ¿Cuáles son tus fantasías?
   g. ¿Cómo te llamas?

2. Mensaje
   a. ¿Qué defiendes tú en la vida de (*Juan*)?
   b. ¿Qué cosas dices?
   c. ¿Cuáles son tus principales valores?
   d. ¿Cuándo y de qué manera apareces tú en escena? ¿En qué contextos estás más activo?

3. Relaciones
   a. ¿Qué creencias tienes sobre los otros miembros del equipo?

b. ¿Quién eres en relación con los demás miembros del equipo interno de (*Juan*)?

c. ¿Cómo te llevas con otros miembros del equipo? ¿Tienes aliados y enemigos internos?

d. ¿Cómo te relacionas con tu "director técnico"?

e. ¿Cómo se relaciona tu "director técnico" con otras personas cuando tú estás al mando?

4. Intención

a. Cuando actúas como lo haces frente a otros, ¿para qué lo haces?

b. ¿Qué esperas recibir de otros?

c. Si tu "director técnico" te escuchara, ¿qué te gustaría pedirle?

d. ¿Qué es lo que tú ofreces?

e. ¿Qué es lo que tú das a cambio de ocupar este lugar como miembro del equipo?

CAPÍTULO 18

MIGUEL EN MOVIMIENTO

—Descubrí otro personaje, otro jugador –dijo Miguel al comienzo de la tercera sesión.

—¿Ah sí? ¿De quién se trata?

—El que no sabe decir "no", el que sí quiere, el que sí puede, el que hace todo para que los demás estén contentos.

—¿Y qué más sabes de ese jugador?

—Es atento y servicial. Le gusta sonreír. Es optimista y le gusta que todos a su alrededor estén contentos. Es muy amigo del Débil, y es el que provoca que surja el Angustiado. "Soy el que cumplo tus deseos… Canto al son que tú me pidas. Mis deseos son los tuyos. Soy tu fiel servidor y me desvivo por hacer lo que me pides."

—¡Qué interesante! ¿Y qué lugar ocupa dentro de tu campo de juego interno?

—Es mediocampista.

—¿Y en qué contextos aparece?

—Por ejemplo, cuando quiero que vean que siempre estoy dispuesto a hacer hasta el trabajo más complicado o el que nadie quiere realizar, como ir el fin de semana a trabajar. Sí, jefe, yo lo hago. Sí, supervisores, yo sé cómo hacerlo. Sí, mamá, yo le pago la escuela a Lucila. Sí, papá, yo le compro su nueva guitarra. Sí, esposa, yo voy a tirar la basura. Sí, vecino, yo le doy una mano con el coche que se descompuso. Sí, Miguelito, yo juego al trencito contigo. Sí, para la semana próxima. Para anteayer, sí. Para Alemania, sí. Para el nuevo proyecto, sí.

—Observo que con cada "sí" se te iba expandiendo el pecho, como si estuvieras orgulloso de tu disposición y de tu capacidad de estar en todo.

—Me siento como alguien poderoso cuando juego con este Servicial.

—Ya tiene nombre.

—Sí, y un lema: "Tus deseos son mis órdenes".

—¿Y qué más caracteriza a este jugador?

—Se lleva bien con todos. Acepta todo lo que le pidan y se concentra en hacer un bien a otros. Atiendo hasta a sus mínimas insinuaciones y soy feliz cuando puedo leerles la mente a los demás, para complacerlos. Soy el más entregado de todos –sonríe cuando dice esto último–, y mi mayor opositor es el Negro Enmascarado, por supuesto.

—Y hasta hablas ya en primera persona, ¿te diste cuenta?

—No. ¿Cómo?

—Primero hablaste del Servicial como personaje, que "se lleva bien con otros". Y luego decías: "atiendo sus insinuaciones y soy feliz cuando puedo leerles la mente"…

—¡Cierto! –y suelta una carcajada–. Lo traigo más pegado que a nadie.

—Es bueno que lo veas. ¿Y con qué sueña el Servicial?

—Con ser el más indispensable de la empresa. El que puede estar en cualquier área, ya que nadie como él conoce las entrañas de la operación, y no hay nadie más comprometido que él. Su criptonita es, obviamente, decir "no". Si lo hiciera, no sería el Servicial, sino un egoísta.

—Si el Servicial dijera que no, ¿qué le pasaría?

—Y… Stockelsdorf sería el más feliz –dijo, y se rió a carcajadas.

—Te divierte.

—Sí, lo de las voces es divertido y serio a la vez. Lo que sucede es esto: el Servicial viene, a todos les dice que sí, y ahí aparece el Angustiado que sufre porque no sabe cómo demonios cumplir con tantas promesas. ¿Y sabes también qué concluyo? Que lo bueno acaba siendo malo. Lo que creo que es lo mejor de mí resulta lo peor. Y entonces, quería comentarte que ya metí a otro jugador en la cancha.

—¿Quién es?

—Es el que dice "no" de manera firme, respetuosa… ¡y sin culpa!

—Y se llama…

—El Señor No.

Seguimiento de acciones

Miguel Antonio Hernández

Sesión de seguimiento
Presentes:

jefe, coach, Miguel

Situación del proceso

tres sesiones realizadas (tres pendientes)

Lugar

Sala de Juntas: "South Pacific"

Fecha

Miércoles, 17.00 hs

Situación actual	Situación deseada	Obstáculos	Compromisos	Acciones concretas	Hechos (ir informándolos)
1. Tengo disciplina laxa con mi equipo. Soy inconsistente. Falta de credibilidad de mi equipo. Nos bombardean los demás. Llego a la junta del lunes sin datos e información actual de líneas.	Todos los lunes tengo el informe para ir actualizado a la junta de producción, con información confiable. Me anticipo a los eventos. Cumplo siempre a partir de ahora.	No le estoy dando la prioridad al informe. Atiendo más cosas que las que puedo atender.	Tener ese informe el lunes a la mañana y generar la información antes de las 9.00 am. No negociable la entrega de la situación de líneas para el lunes a las 7.00 am con mi equipo. Menos distracciones. Firme con mi gente. Soy su gerente, no su amigo.	Hablar con seriedad de esto con mi equipo. Ni un solo pretexto más. Dedicarle tiempo. Cambiar formato para hacerlo más rápido. Reservar tiempo. Ponerme como no disponible por un tiempo para concentrarme.	Lunes 7: realizado a las 8:55. Demasiado tarde. Mal. Lunes 14: realizado a las 8:30. Lunes 21: no realizado. Pésimo. Lunes 28: realizado a las 7:30.
2. Pendientes correcciones en mi área, llevan tres meses esperando. Desde hace tiempo.	Tener cero acciones correctivas de calidad o seguridad pendientes.	Mi desidia. El Conformista.	Cero acciones abiertas. Decido corregirlas por el beneficio de mi área y de mi liderazgo. Me comprometo a darles el seguimiento que necesitan para irlas cerrando.	Revisarlas cada viernes y programar cierres para el martes siguiente a más tardar.	Viernes 12: dos acciones cerradas. Viernes 19: revisión con Manuel y se identifica la acción pendiente, aún no cerrada. Viernes 26: acción cerrada.

Situación actual	Situación deseada	Obstáculos	Compromisos	Acciones concretas	Hechos (ir informándolos)
3. Falta comunicación efectiva con los niveles lateral y hacia arriba, más que con mi gente. Falta confianza.	Tengo claro lo que sucede en el área. Doy a cualquier otro gerente la información oportuna que requiera. Contribuyo a mejorar el ambiente de trabajo. Coordino acciones efectivas con unos y otros.	Les caigo mal, sobre todo a Calidad. Me guardo la información. No tengo la información a tiempo. Convoco a juntas y no aparecen.	Antes de convocar a la junta hablar del tema en breve con cada uno para escuchar lo que necesitan. Después, hacer la junta con bases e información sólida. Mejorar mi integración con el equipo y con el área. En lo que esté de mi parte, colaborar. Mejorar imagen e identidad pública y mostrar que puedo mucho más de lo que hasta ahora han visto de mí.	Convocar a gerentes y jefe a una primera junta en la semana 37 para hablar de cómo coordinarnos mejor. Hablar de la confianza y el logro de objetivos como equipo de producción. En la junta: generar con ellos un plan para reuniones de coordinación entre áreas, siendo yo el líder.	Semana 37: fui a hablar con cada uno. Junta semana 39: plan aplicado con éxito. La clave: hablar antes con cada uno. ¡Todos asistieron!

153

Situación actual	Situación deseada	Obstáculos	Compromisos	Acciones concretas	Hechos (ir informándolos)
4. Falta planificación a mediano y largo plazo, solo sale lo urgente. Bombero apaga fuegos. Falta estructurar el seguimiento y esquematizar el trabajo.	Hago planes y les doy seguimiento para el logro de resultados. Puedo hacer planes porque tengo el tiempo para ello. Me centro en el trabajo gerencial y la visión amplia.	Pasar todo el tiempo de bombero para resolver los problemas de todos los demás y dejo de lado lo mío.	Me comprometo a organizar mis tiempos, no perderme en la operación. Estructuro el trabajo de mi gente y el mío, y hago planes por escrito. Logro el objetivo eficientemente. Me comprometo a trabajar con mi ansiedad por acuciar a los otros. Confío en ellos. Y en mí.	Primero, organizar mi tiempo. Documentar, tener un plan firme por escrito. Distinguir lo urgente de lo importante a mediano o largo plazo, establecer prioridades. Escribirlo y darle seguimiento a los compromisos. Estructurar el trabajo de mejora en la línea 2. Segundo, capacitación de una persona que está creando conflicto en la línea 1. Voy a hacer un DNS y estructurar con fechas sus necesidades para la semana 37.	Semana 37: ya tengo más disciplina para agendar pendientes. Hice un Excel y lo tengo mejor controlado. También estoy haciendo un archivo de las juntas para ir dando seguimiento a los hallazgos. Las juntas son más eficientes, se presentan las áreas de mejora del día anterior, quién le va a dar seguimiento es algo más estructurado.

Seguimiento de coaching a Miguel Hernández

Objetivo
- Convertirme en líder de líderes

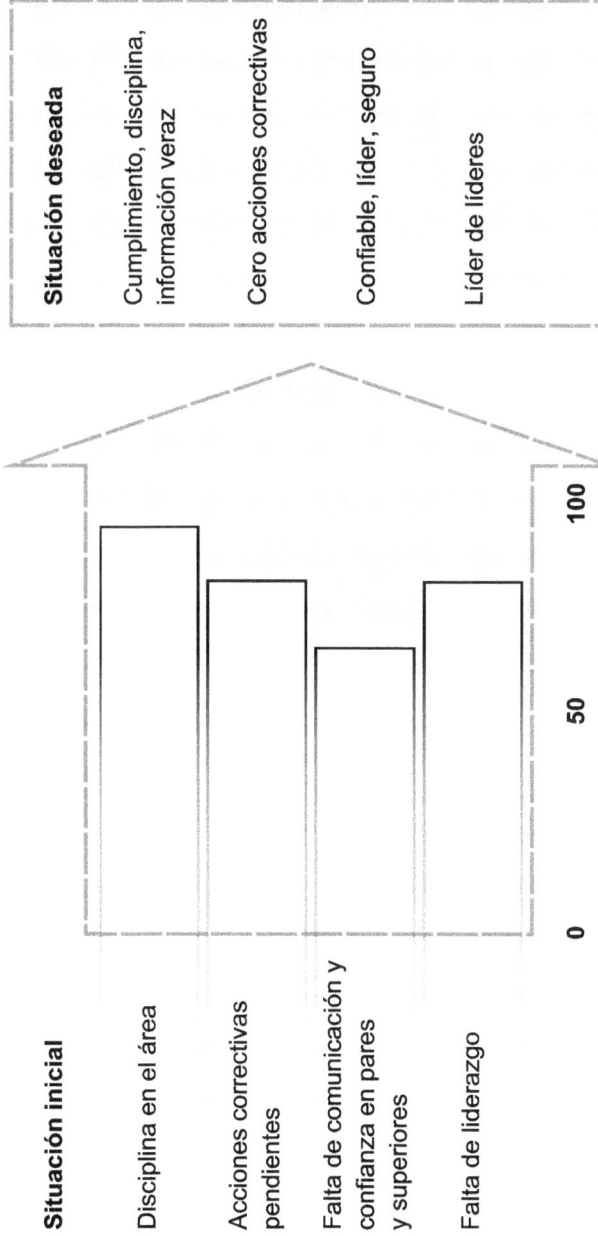

Situación inicial

Disciplina en el área

Acciones correctivas
pendientes

Falta de comunicación y
confianza en pares
y superiores

Falta de liderazgo

Situación deseada

Cumplimiento, disciplina,
información veraz

Cero acciones correctivas

Confiable, líder, seguro

Líder de líderes

0   50   100

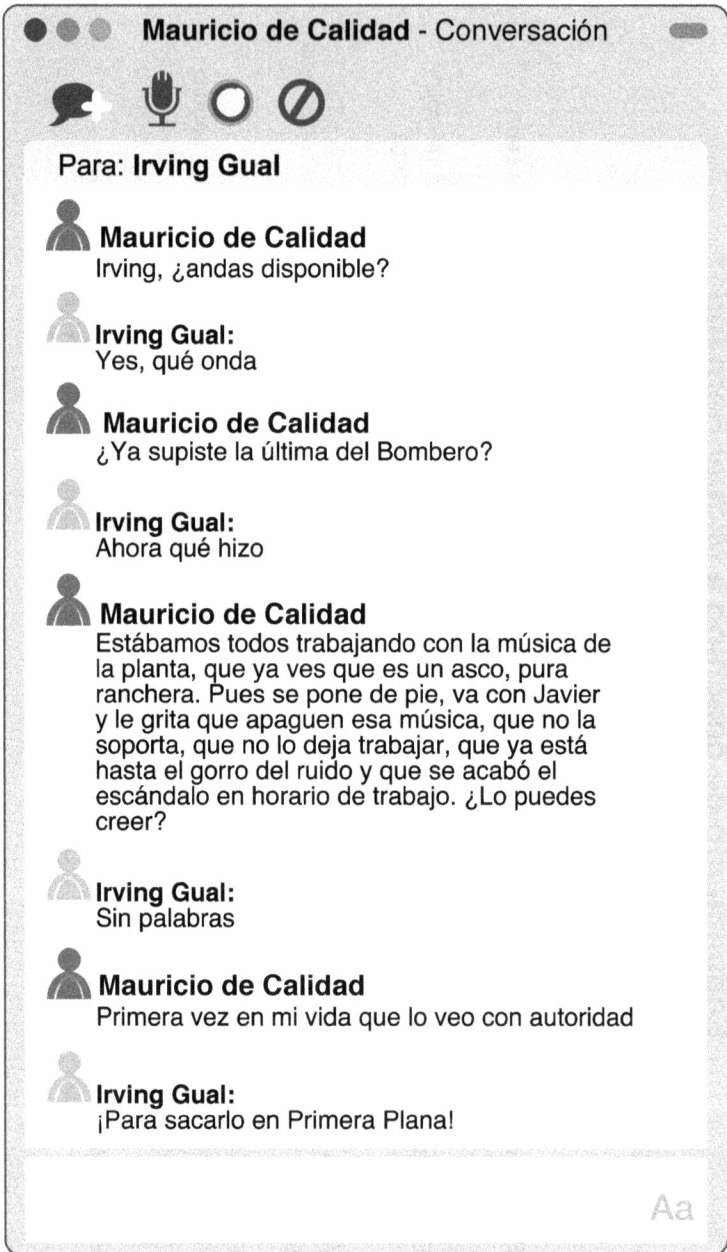

Mauricio de Calidad - Conversación

Para: **Irving Gual**

Mauricio de Calidad
Irving, ¿andas disponible?

Irving Gual:
Yes, qué onda

Mauricio de Calidad
¿Ya supiste la última del Bombero?

Irving Gual:
Ahora qué hizo

Mauricio de Calidad
Estábamos todos trabajando con la música de la planta, que ya ves que es un asco, pura ranchera. Pues se pone de pie, va con Javier y le grita que apaguen esa música, que no la soporta, que no lo deja trabajar, que ya está hasta el gorro del ruido y que se acabó el escándalo en horario de trabajo. ¿Lo puedes creer?

Irving Gual:
Sin palabras

Mauricio de Calidad
Primera vez en mi vida que lo veo con autoridad

Irving Gual:
¡Para sacarlo en Primera Plana!

Aa

—Gerente de Operaciones al habla.

—Habla Von Stockelsdorf. Buenos días, jefe del buen Miguel. ¿Tienes un minuto?

—Por supuesto.

—Estoy muy impresionado, porque es la primera vez en cinco años que no hay ruido en la planta. ¿Qué es lo que ha sucedido?

—Parece que Miguel les dijo que ya basta, que apagaran esa música y que se pongan a trabajar.

—Yo creía que era la forma mexicana de hacer que la gente trabajara: con ruido todo el tiempo.

—Pues Miguel dio la orden de apagar para siempre.

—Está muy bien que Miguel haga eso. Felicítalo de mi parte.

—Sí, claro.

—¿Así que está haciendo cambios ya el buen Miguel?

—Sí, varios. Tuvimos ya la sesión de seguimiento con la coach y parece que ya se está dando cuenta de lo que Teile-x espera de un gerente de su nivel. Sobre todo han mejorado mucho las juntas de los lunes, y en las juntas diarias de producción está mostrando más seguimiento y liderazgo con su equipo.

—Muy bien. Así debería de ser. Era todo. Estoy muy contento con el silencio.

—Muchas gracias.

—Buen día.

CAPÍTULO 19

EL LÍDER DEL EQUIPO INTERNO

Donde hay un equipo hay un líder que tiene la última palabra. En términos familiares, estaríamos hablando del "yo", del nivel actuante que es capaz de moderar los impulsos, y es el que habla por nosotros cuando estamos en contacto con otras personas. Para ilustrar esto, el lector puede pensar en Miguel mientras narra a su coach cómo ha descubierto la voz del Servicial como su principal protector, y la del Negro Enmascarado como el opuesto que también sirve de protector ante los posibles ataques y como una voz que hace contrapeso al Servicial. Esto sucede en un primer nivel de conciencia o de inmersión en el "iceberg" de sus personajes internos. Ahí Miguel narra en calidad de líder de su equipo interno. Cuando continúa la exploración, descubre voces que están más profundas, que son más difíciles de encontrar. En este caso, aparecieron el Angustiado y el Conformista. En un último nivel, más profundo y de manera más desdibujada, identifica al Solista como aquel a quien debe recurrir para ser efectivo en la superficie.

El líder necesita coordinar el equipo y tiene poder sobre los distintos jugadores. Esta relación de poder entre el líder y sus colaboradores es sutil y compleja.

Las tareas de este líder interno son muy variadas. Entre ellas podemos enumerar:

– Tomar la batuta para decidir cuáles serán las voces cantantes en cada situación, en lugar de "ser poseído" por esas voces.
– Mantener la armonía entre las "relaciones interiores" y las "relaciones exteriores".
– Controlar el caos interno y, por esta vía, generar el autocontrol en situaciones complejas.
– Moderar y garantizar "juntas del equipo interno" creativas.
– Integrar: convertir "la bola de voces" en un equipo sinérgico.
– Manejar conflictos: ayudar a los miembros del equipo confrontados a salir de sus polaridades. Aceptar e integrar lo rechazado y neutralizar a quienes actúan de forma exagerada.
– Colaborar en el desarrollo personal y del equipo: promoverlo en cada uno de los miembros del equipo y en un ambiente de colaboración entre ellos.

– Seleccionar a cada jugador y ubicarlo en el sistema: en casos concretos, hacer la selección correcta de los miembros del equipo y establecer la "alineación" que se hará de ellos en la cancha.

Partimos de la siguiente regla:

La claridad interna es la base para el dominio personal.

El trabajo del coach es muy importante. Conduce al cliente a asumir la posición de líder del equipo interno. Es importante indagar en esa voz de jefe, "amo y señor" de sí mismo. Debe tener intención de colaborar, de aceptar esa diversidad interior, de escuchar, de moderar, de tener claras sus metas y sus valores, y lo más importante: debe ser capaz de actuar y de tomar las riendas de su vida, y de asumir la responsabilidad por su comunicación y sus acciones. Asimismo, es importante que la posición de "líder del equipo" realmente se asuma desde una meta-posición; es decir: estar por encima de todo el juego que se da entre las voces y poder asumir el mando con una visión sistémica.

¿Cómo se trabaja con esta posición del líder?

Una vez que se termina de explorar una voz, el cliente necesita salir de la postura corporal, de la tensión energética y emocional que le demandó meterse en ese personaje. De ahí que es necesario pedirle que se sacuda, que camine, que suelte y relaje el cuerpo, y que cuando se sienta liberado regrese a la silla donde estaba ubicado antes de la personificación, junto al coach. Como sucedió en la experiencia con Miguel, narrada en el Capítulo 14.

Al regresar de nuevo a la silla donde se inició la sesión de coaching, es importante primero garantizar que el cliente "salió" de la experiencia. Se le puede pedir que reporte algunas cosas que observe en la habitación, sonidos que esté escuchando o sensaciones táctiles. Hacerle notar que esa energía, ese personaje se quedó allá, que es parte suya pero no es él mismo. Que sienta en este momento su cuerpo separado del personaje (aunque la distancia sea de unos centímetros). Dejar unos momentos en silencio para que procese la experiencia. Después, preguntar: "¿De qué te das cuenta?", y dejarlo que comparta.

A continuación, hay que encarnar al segundo personaje, el opuesto, mediante la misma técnica que con el anterior. Iniciar por pedir al cliente que coloque en un lugar de la sala el papel que representa ese nuevo jugador del equipo.

Una vez finalizada la exploración de los dos personajes opuestos, el cliente, primero en su calidad de líder, regresa a su silla para contar sus descubrimientos. Por último, pasará a la más importante de las posiciones, la que le da sentido a todo el trabajo en este modelo: la posición del "director técnico" capaz de tomar decisiones con una visión sistémica y a largo plazo.

CAPÍTULO 20

LA CAÍDA

—No entiendo, hermana, ¡explícame! –dijo Miguel.

—Te digo que no sé nada más. Solo que vengas ya.

—Ya voy, ya voy, voy corriendo. ¿Qué es esto? Iban a comprar pan. ¿Qué clase de animales son esos? ¿Dónde estoy viviendo? ¿Cómo mi hermanito…?

Miguel encendió la radio para ver si había noticias. Al rato, escuchó:

"Tenemos el último informe de Notimex. Hasta el momento hay dos muertos confirmados como resultado del tiroteo en Apatzingán de esta tarde. El primero es un bebé de ocho meses y el segundo el padre del menor, que lo llevaba en brazos cuando quedaron en medio del fuego cruzado entre las corporaciones de seguridad pública de Michoacán y miembros de cárteles del crimen organizado. Las fuentes señalan que hasta este momento ninguna instancia federal ha solicitado el apoyo o refuerzos en las tareas de seguridad que se llevan a cabo. Tanto en Uruapan como en Apatzingán sobrevuelan al menos dos helicópteros tipo Black Hawk para realizar labores de reconocimiento."

Miguel apagó la radio. "No, ¿cómo que esto?", se dijo. "¿Cómo que a mí? Si nosotros somos gente buena, ¿por qué nos meten? ¿Qué hago? Hay que llegar pronto. Que me expliquen. Que me digan que es mentira. No puede ser cierto. ¿Cómo, tan gordito, cuándo fue que lo vi? Tenía seis meses. Se daba vueltas. Se ponía como a entrenar y subía las nalgas como para gatear. A todos sonreía. Hablando en pasado de un bebé. ¿Qué es esto? ¡No es un anciano o un maleante el que murió! El niño de Saúl. Mi culpa, yo lo convencí de que la peleara como yo, de que apostara por este país, de que no se fuera como los demás hermanos, que se largaron y desaparecieron. Por mi culpa pasó esto. No me lo perdonaré jamás. Pisa y llega ya, que ahora tienes tú que resolver todo. Entre los viejitos y las mujeres no hay nadie que responda. Tu culpa Miguel. Esto fue el Negro Enmascarado en acción. Me está atacando mi propia voz. Nunca me había dado cuenta. Pero es la voz de la verdad. Sí soy el culpable de esto. Por hablador yo, asesinado él. Mejor me callo para siempre. Saúl, espérame, ahí voy. Eterno viaje. Necesitaría helicóptero, como ese de la policía, que no sirve para nada porque llegan cuando no hay nada que hacer. Daño colateral, dicen. Eso a mí no me pasa. Eso pasa en las noticias. Eso no nos toca. ¿Por qué a mí? Bueno, al compadre de mi papá hace poco, pero no a mi familia. ¿Qué le voy a decir a Carmen? Viuda, y no hay palabra para la que pierde un hijo. Y el que pierde un hermano ¿cómo se llama? Perdóname, hermanito, yo fui el culpable, por… por…"

El celular de Miguel sonó. Era su esposa.

—Qué pasa –preguntó Miguel.

—¿Cómo estás?

—¿Cómo te imaginas? Manejando.

—Me llamaron. Quieren saber que a qué hora llegas.

—¿Para qué?

—Es que nadie se atreve…

—¿A qué?

—Ir al forense. Que si tú…

—…

—¿Sigues ahí?

—Sí.

—Que si tú…

—…

—¿Estás bien?

—En media hora, diles.

—Bien.

—Oye…

—¿Qué?

—Mañana llama a la empresa. Di que me enfermé.

—Bien.

—Y el lunes también llama.

—Nunca has faltado.

—Pues… faltaré.

—¿Qué digo?

—Lo mismo. Que sigo enfermo.

From: lennard.stockelsdorf@teile-x.com

To: miguel.hernandez@teile-x.com

CC: Saskia.sussauer@teile-x.com

Subject: Situación

Miguel:

Me enteré de qué le pasó a tu hermano el viernes que faltaste. Siento mucho. Debes saber que cuentas incondicionalmente con apoyo *de nosotros* en estos difíciles momentos. Toma todos los días libres que necesites y *no preocupes tú* por tu equipo. Ellos llevarán seguramente bien el área para que tú acompañes tu familia. *Estará prueba* de que un gerente bueno puede ausentarse y el equipo saca adelante el área.

Saskia, da instrucción para liberar días de Miguel.

Si necesitas de *mí más algo infórmame*.

Mit freundlichen Grüßen/Best Regards

Lennard.

From: saskia.sussauer@teilex.com
To: miguel.hernandez@teilex.com
Subject: Apoyo

Miguel:

Quiero informarte que la compañía cuenta con el apoyo de una tanatóloga para cuando regreses. Nada tiene que ver con tu proceso de coaching, que continuará según la agenda propuesta. Ya informé a tu coach que tú la contactarás a tu regreso, para reagendar las sesiones canceladas.

Siento mucho lo sucedido. Te acompaño.

Mit freundlichen Grüßen/Best Regards

Saskia

Pd: Todos te envían muchos saludos, en especial tus muchachos, que están trabajando mucho para que puedas estar tranquilo con tu familia.

Al entrar a su casa después de una semana de haberse ausentado, Miguel le dijo a su mujer:

—Me encontré una tortuga.

—¿Una tortuga?

—Saliendo de Apatzingán. La iba a atropellar. ¿Y qué crees?

—¿Qué?

—Descubrí que es como yo.

—¿Y eso?

—Ya tiene nombre: se llama la tortuga Miguel.

—Sí, tiene toda la cara —dijo ella, y sonrió.

—Puede correr rapidísimo y caminar cientos de kilómetros, pero cuando ve el peligro se mete en su caparazón y se queda paralizada en medio de la carretera. No sabe que la pueden aplastar. Parece fuerte, pero es débil.

—¿Y qué tiene que ver contigo?

—Soy igual. Yo tengo dentro un Miguel también débil. Cargo siempre demasiado en las espaldas, aun así soy rápido, pero me cuesta. Cargo con mi adversidad, y me protege de muchas. Si me quieren aplastar, tienen que pegar muy fuerte para que lo sienta.

—¿Qué?

—Cómo duele. Y luego camina en su territorio como siempre lo ha hecho, hace cientos de años, o muchos.

—¿Muchos?

—No se da cuenta de que en su campo se secó el lago y construyeron la carretera moderna. Ella, como si nada, sigue su camino antiguo. No ve la carretera.

—Tú la viste.

—Iba lento. Para qué apurarme después de todo lo que pasó. Iba pensando en qué sigue.

—¿Qué sigue?

—Como la tortuga: sigue comer, sigue dormir, sigue cargar el caparazón.

—Está grandota. ¿Cuántos años tendrá?

—Unos quince o veinte.

—Veinte… Miguel-tortuga –dijo la mujer.

—¿Qué?

—¿Y si te quitas el caparazón?

—Me muero.

Cuando Miguel volvió a la empresa diez días después, encontró sobre su escritorio algo que le había dejado la coach, con una nota que decía:

"Te regalo este extracto de un libro de Leonardo Boff llamado *El águila y la gallina*. Lo comparto contigo, pues veo en ti esa águila que está recuperando sus ojos y necesita ahora mostrar su fuerza interior. Si te ayuda hacerlo, escríbeme o llámame. Te envío un fuerte abrazo y espero verte pronto."

Todo punto de vista es la visión desde un punto.
Leonardo Boff: *El águila y la gallina:*
cómo el ser humano se hace humano

Historia del águila y la gallina

En una tarde de verano, volvía un criador de cabras de lo alto de una planicie, en la selva atlántica del norte del estado de Río de Janeiro. A los pies de la montaña por donde pasaba, encontró de repente un nido de águilas todo destrozado. Medio cubierta de ramas había una joven águila herida en la cabeza. Parecía muerta, toda ensangrentada. Era un águila rara, el águila harpía brasileña, amenazada de extinción.

Recogiéndola con cuidado, pensó: "Voy a llevársela a mi vecino, que es amante de los pájaros y le gusta disecarlos. Tal vez quiera disecar este aguilucho".

Y así lo hizo. El vecino, al ver al águila sintió gran pena por ella. También él supuso que estaba muerta. La colocó delicadamente debajo de una cesta.

"Mañana voy a disecarla", pensó con resignación. Al día siguiente tuvo una gran sorpresa. Al mover la cesta, se dio cuenta de que el águila se movía levemente. Tenía heridas en varias partes del cuerpo. El águila estaba ciega.

De nuevo sintió pena por la joven águila. Pensó en sacrificarla. Pero en ese momento se acordó de la tradición de Buda y San Francisco. Ambos vivieron y predicaron una ilimitada compasión por todos los seres que sufren. Recordó también la ética ecológica que reza así: "Bueno es todo lo que conserva y promueve la vida. Malo es todo lo que disminuye y elimina la vida".

Con estos argumentos se convenció de no sacrificar al águila. Decidió preservarla. Comenzó entonces a tratarla con cariño. Ella, sin embargo, reaccionaba poco. No buscaba comida ni caminaba. Sin luz y sin sol, el águila no era águila.

Todos los días, el taxidermista le partía pedazos de carne y la alimentaba con dificultad. Después de un año comenzó a notar que sus sentidos se despertaban a la vida. Primero reaccionaron los oídos, felices al ruido de los pasos, cuando le traían la carne. Estiraba la cola y abría las alas alegremente. (Un águila adulta con las alas extendidas puede alcanzar hasta más de dos metros.)

Después comenzó a moverse por sí misma. Andaba por la sala y por el jardín. Se posaba sobre un tronco más alto. Por fin recuperó su propia voz, el "kau-kau" típico del águila.

Pero continuaba ciega. Los ojos son todo para un águila. Su penetrante mirada ve ocho veces más que el ojo humano. Ve y controla todo, porque logra girar la cabeza 180 grados.

Por fin, el taxidermista decidió ponerla con las gallinas. Un águila no es una gallina, pero la gallina puede animarla a vivir, a moverse y, ¿quién sabe?, tal vez a despertar en sí la imagen de las alturas y buscar, un día, el sol. ¿Quién sabe?

Y fue así como la joven águila siguió criándose con las gallinas. Durante dos años circulaba, ciega, entre ellas. Andaba con dificultad, pues sus garras no habían sido hechas para andar. Picoteaba aquí y allí como lo hacen las gallinas, pero sin poder ver.

He aquí que un buen día, el taxidermista se dio cuenta de que se había producido un milagro. El águila veía. Sí, veía y distinguía los alimentos. Sus ojos eran enormes. Después de tres años de pacientes cuidados, había recuperado su cuerpo. Pero, a pesar de ello, a fuerza de vivir con gallinas, se había convertido también ella en gallina. Vivía con las gallinas, picoteaba con las gallinas y dormía en el gallinero.

El taxidermista ya se había acostumbrado a ver al águila-gallina entre las demás gallinas. Y se olvidó de ella.

Cierta mañana, sobrevoló el gallinero una pareja de esas águilas brasileñas grandes e imponentes. Hicieron violentos vuelos rasantes, atraídas por los pollos que circulaban por ahí. Al percibir la presencia de la pareja de águilas en el cielo, el águila-gallina agitaba sus alas, sacudía la cola y ensayaba pequeños vuelos. El sol comenzaba a despertar en sus ojos.

Pasado un tiempo, el taxidermista recibió la visita de un amigo naturalista. Conversaron sobre las aves de la región y fueron a observar a aquella águila convertida en gallina. El naturalista se quedó perplejo con la capacidad de adaptación del águila. Luego ponderó:

—El águila jamás será gallina. Posee un corazón de águila. La hará volar. Volverá a ser plenamente águila.

Allí mismo decidieron hacer una prueba. Querían ver lo que quedaba del águila primitiva en aquella águila-gallina. El taxidermista tomó un protector de cuero para ponérselo en el brazo. Con dificultad lograron agarrarla. El taxidermista la puso en su brazo. Animado por su amigo, le habló con voz imperiosa:

—Águila: ¡tú nunca dejarás de ser águila! ¡Ya sobreviviste a demasiadas desgracias! Recuperaste un día tus ojos. Estás hecha para la libertad y no para el cautiverio. ¡Extiende tus alas! ¡Yérguete y vuela hacia las alturas!

El águila parecía atontada. No hizo siquiera un movimiento. Al mirar a su alrededor y ver a las gallinas comiendo maíz, se dejó caer pesadamente y se unió a ellas.

Animado por el amigo naturalista, el taxidermista no desistió.

Al día siguiente, agarró al águila cuando todavía estaba en el gallinero. La colocó de nuevo en la protección de cuero y subió con su amigo a la azotea de su casa. Le dijo con convicción:

—¡Águila, tú eres y serás siempre águila! ¡Despierta de tu sueño! ¡Libera tu naturaleza hecha para las alturas! ¡Deja nacer el sol en ti! ¡Abre tus alas y vuela al infinito!

El águila parecía totalmente distraída ante palabras tan conmovedoras. Miró para abajo y vio a las gallinas picoteando el suelo y bebiendo agua en el bebedero. El taxidermista la lanzó hacia arriba, con la esperanza de que volase, pero el águila se precipitó pesadamente. Voló apenas algunos metros, como vuelan las gallinas. Intentó una, dos, hasta tres veces. Y el águila no llegaba a volar. Dentro de esta águila-gallina, la gallina parecía triunfar.

El taxidermista recordó la importancia del sol para los ojos del águila. Le preguntó al naturalista:

—¿No será acaso el sol el que podrá devolverle la identidad perdida?

El naturalista confirmó la observación.

Al día siguiente, se levantaron antes de que naciera el sol. El amanecer estaba espléndido. Se dirigieron a la cima de las rocas llevando al águila-gallina. Cuando llegaron a lo alto, el taxidermista sujetó al águila y le dijo:

—Águila, tú que eres amiga de las montañas e hija del sol, yo te suplico: ¡Despierta de tu sueño! ¡Muestra tu fuerza interior! ¡Reanima tu corazón en contacto con el infinito! ¡Abre tus potentes alas y vuela hacia lo alto!

El águila se mostró sorprendentemente atenta. Parecía volver en sí después de una larga ausencia. Miró a su alrededor, vio las montañas y se estremeció. Por más que el taxidermista intentase ayudarla con movimientos hacia arriba y abajo, no superaba el miedo. El taxidermista no conseguía hacerla volar.

Entonces la tomó firmemente entre sus dos manos, y durante un buen tiempo la sujetó por la cabeza en dirección al sol. Los ojos del águila se iluminaron, se llenaron del brillo juvenil del sol, amarillo y anaranjado. Con voz fuerte el taxidermista insistió:

—¡Águila, tú nunca dejaste de ser águila! ¡Tú perteneces al cielo y no a la tierra! ¡Abre tus ojos! ¡Bebe el sol naciente! ¡Extiende tus alas! ¡Águila, vuela!

La sujetó firmemente por las emplumadas patas, la levantó y le dio un último impulso.

¡Oh sorpresa! El águila se irguió, soberbia, sobre su propio cuerpo. Abrió sus alas titubeantes. Estiró el pescuezo hacia delante. Alzó el vuelo. Voló hacia las alturas, cada vez más alto, hasta desaparecer en el horizonte.

CAPÍTULO 21

MIRAR "DESDE EL BALCÓN"

Una vez que se ha terminado de indagar en las distintas voces y que se ha conversado con el líder del equipo interno es importante ubicar una nueva meta-posición. Se trata de conducir al cliente a un lugar desde donde pueda observar todo el juego (que está desplegado en el piso gracias a los papeles en los que se anotaron los nombres de los jugadores), desde un plano superior: de pie o hasta subido a una silla.

Es una posición llamada "desde el balcón". Lo que se busca es que el cliente asuma un rol de "asesor" de sí mismo. Que se coloque por encima del juego. Que tome distancia emocional. Que se desapegue de las emociones que lo perturban en el presente. Que sea capaz de elegir acciones en el presente mientras mira el futuro y observa el juego completo. En este momento del proceso de coaching, el cliente imagina que ahí abajo sigue sentado con el coach, en su calidad de líder, a punto de tomar decisiones sobre su equipo interno.

Desde esa posición, el cliente puede ver mucho más allá, se puede transportar hacia el futuro, y ver cómo dentro de algún tiempo será capaz de recordar ese momento de confusión que ya pasó y superó gracias a que llevó a cabo una alineación distinta de su equipo interno en el contexto que trabajó.

Preguntas posibles:

—¿Qué les quieres sugerir –por ejemplo, a Miguel– desde esta posición en la que tienes la visión de todos los escenarios posibles?

—¿Qué miembros del equipo te sirven en esta situación y cuáles será mejor que dejes guardados para lograr lo que buscas?

Se le pide entonces al cliente que tome los papeles con los nombres de los personajes y los coloque como si fueran los jugadores de fútbol (en el caso de haber elegido la cancha como metáfora), y que decida cómo van a interactuar unos con otros en un juego cuyo objetivo es ganar. Aquí es posible, entonces, que cambie jugadores, que haga ingresar al juego a alguno que haya estado en el banco por mucho tiempo. Y que visualice las jugadas y los contextos en los que quiere que este equipo salga a la cancha. Llevarlo al plano de su realidad para que imagine escenas en las cuales la nueva alineación entrará a jugar. Hacer que describa con el mayor detalle posible cómo serán la aparición y la actuación de los distintos miembros del equipo para garantizar que logre lo que se propone. Si hay tiempo, puede ser interesante que imagine escenarios, que prepare y ejercite a los personajes para que poco a poco se vaya apropiando de ese nuevo "estar" en las relaciones con otros. Para que se vaya asumiendo en esa identidad que lo puede representar de formas más genuinas y efectivas. Llevarlo a que sienta en el cuerpo lo que significa elegir a sus nuevos goleadores. Invitarlo a que se visualice en ese juego ganador.

CAPÍTULO 22

DE LA GUERRA A LA PAZ

Después de superar titubeos, envidias y su inseguridad, y como el guerrero de muchas batallas que es, Miguel decidió emprender uno de los combates que más le costaron: enfrentar a Mauricio, de Calidad, su principal opositor y rival.

En su sesión de coaching diseñó la conversación, el lugar en el que quería tenerla, los objetivos que quería alcanzar, los puntos que no podía dejar de abordar, y sobre todo, cómo tenía que hacer para mantenerse centrado en construir acuerdos más allá de las diferencias personales o de estilo que existían entre él y Mauricio. Para todo esto, Miguel eligió, desde luego, al Solista Goleador como líder de su equipo interno. Tenía claro que la clave del éxito en una conversación tan difícil era mantener la mirada del águila y ser el que lleva el diálogo, el que lo conduce e impide que el otro se ponga de pie antes de que se haya llegado a un acuerdo viable para ambos.

Llegó el día. Cuando se levantó a la mañana y miró hacia el cielo azul, respiró profundamente y se dijo en voz alta: "Hoy es mi día". Se sentía tan seguro como el Solista, ligero y con visión de largo alcance como el águila, y confiado en que había llegado la hora de construir y negociar.

—Hola, Mauricio –dijo cuando se vio con su compañero-rival–. Tengo que hablar contigo de algo muy importante y me gustaría saber si me dejas invitarte hoy a comer en El Güero. Los tacos son buenos y el lugar no está lleno de gente de la planta. Ahí podemos hablar tranquilos.

—¿Cómo? Sí, claro. ¿A qué hora?

—¿Te parece a la una?

—Ahí nos vemos.

Cuando Miguel y Mauricio iban saliendo juntos de la planta, varios empleados se asombraron ante esa escena tan extraña.

No bien pidieron la comida, Miguel dijo:

—Mira, Mauricio, a raíz de todo lo que ha estado pasando en mi vida en los últimos tiempos he tenido oportunidad de pensar en cómo tú y yo, que llevamos una enorme responsabilidad en la planta, más parecería que estamos en batalla, frente a frente, antes que ser miembros de un mismo equipo. Por eso, quiero que nos digamos lo que necesitemos aquí, cara a cara. Que no salgamos de aquí hasta que nos arreglemos y seamos capaces de trabajar juntos para contribuir con los resultados del área, que son un tema de los dos. Si nos tenemos que dar un par de golpes, no me importa; pero quiero que de aquí no salgamos antes de arreglar nuestras diferencias. Dime si estás de acuerdo.

—Adelante… Sí, claro.

—Dime, por favor, lo que me tengas que decir sobre lo que no te parezca bien de mi trabajo, sobre lo que crees que yo debería estar haciendo y no hago, y sobre cómo esperas que tú y yo podamos empezar desde cero a partir del día de hoy.

—Mira, Miguel, no se me ocurre nada ahora. ¿Por qué no empiezas tú, que ya has pensado en esto?

—Muy bien. Aquí anoté algunos puntos, para que no se me olviden. Lo primero que quiero saber es si tienes algo personal conmigo, si te caigo mal porque no soy de tu clase, porque no soy de escuelas privadas, o porque no hablo perfecto inglés como tú.

—No. ¿Cómo crees eso? No tengo nada personal.

—Entonces no entiendo de dónde vienen tus ataques constantes y tus burlas delante de todo el mundo. Dime si hay algo que esté en mis manos, algo que yo pueda hacer para que tengamos una relación respetuosa, porque lo feo y los pelos parados no los puedo cambiar, pero de lo que sí pueda cambiar dime qué te molesta tanto de mí.

—No… digo… es que tú solo me invitas a hacerte bromas. Así soy con todos. Son chistes y juegos de palabras como hacemos todos.

—Solo que a mí me afectan mucho esas bromas. ¿Crees que podamos acordar que no sigas haciendo ese tipo de bromas sobre mí?

—Es que también eres demasiado sensible y de todo te ofendes…

—¿Ves? Ahí empiezas de nuevo.

—No, mira, es que… Es la costumbre.

—¿A ti te gusta que te falten al respeto?

—No, claro que no. Solo que, para mí, estas son bromas que nada tienen que ver con el respeto.

—Ahí somos distintos tú y yo, ¿ves? Parece que tenemos costumbres diferentes. Para mí son faltas de respeto. Son humillantes. Me enojan muchísimo y te odio cuando las haces, porque siento que con eso te quieres sentir superior, de otra raza, o no sé…

—Pues perdón, Miguel. No pensé que te afectaran. Haré lo posible por no volver a hacerlo.

—Harás "lo posible".

—Bueno, por ahí tal vez me salga alguna, sin darme cuenta…

—¿Y te lo recuerdo, entonces? Digo, cuando te pase, para que te puedas dar cuenta.

—Por favor. Oye, Miguel, en verdad que lo siento, y siento mucho lo de tu hermano…

—No metas a mi hermano.

—Ok.

—Entonces, ¿estás de acuerdo en que a partir de ahora nos respetamos tú y yo como personas y como colegas del mismo nivel?

—De acuerdo.

—Esto que me dices no es suficiente para mí. No sé si ya me volví demasiado desconfiado, pero ¿lo podremos dejar por escrito, a modo de un compromiso?

—Sí, por supuesto.

—¿A qué estás dispuesto a comprometerte, entonces?

—A respetarte, a no burlarme de ti, a no hacer bromas pesadas.

—Gracias, yo me comprometo a lo mismo –dijo Miguel, y después sacó un cuaderno y un bolígrafo y anotó.

—Muy bien, déjame ver mi siguiente punto –continuó Miguel–. Las juntas de Producción de los lunes parecen un campo de batalla donde te dedicas a bombardearme para quedar como la estrellita, y yo quedo aniquilado cada semana, viendo cómo hago para reconstruirme. Entiendo que no siempre hemos dado seguimiento a los hallazgos, pero, como los dos sabemos, hay formas más caballerescas de solucionarlo que esperar la junta para exhibirme en público. Te he pedido en varias ocasiones que me pases esos hallazgos *con tiempo*, para estar enterado *con anticipación* de lo que encontró tu gente y empezar a hacerme cargo *con tiempo*, y que no me sorprendas y me expongas con tus fotografías en la junta. ¿Qué propones?

—Pues, me comprometo a pasarte el viernes a la tarde los hallazgos hasta donde los tenga actualizados, para que sepas y la gente de turno de fin de semana pueda hacer algo para arreglarlo antes del lunes.

—Me parece muy bien. ¿De qué manera crees que si hacemos esto beneficiamos a toda el área de Producción?

—Los directores verán que hay comunicación entre nosotros.

—Y entre nuestra gente bajará el nivel de tensión que nosotros generamos –agregó Miguel, y de nuevo tomó el cuaderno–. ¿A qué te comprometes?

—Los viernes, a las cinco de la tarde, te pasaré los hallazgos –dijo Mauricio.

—Mi gente se hará cargo durante el fin de semana… –añadió Miguel.

—El lunes hablaremos de lo que ya está en marcha.

—De acuerdo. ¿Colegas, compañeros, entonces?

—Prometido.

—¿Qué va a pasar si no cumples con esto que estás prometiendo?

—Si por alguna razón no entrego el viernes, sin falta lo haré el domingo a la noche.

—Ok.

—Y en la junta, ¿a qué te comprometes?

—A decir que estamos trabajando juntos en los hallazgos.

—¿Y lo del respeto?

—¿Qué?

—Si no cumples…

—Pues… pido disculpas públicas como lo hizo el jefe, que se necesitan agallas para hacerlo.

—Fírmalo aquí, Mauricio –dijo Miguel, y los dos sonrieron.

La conversación duró un total de cuatro horas. Desfilaron tacos, postres, café, tequila y otro poco de tequila. Valió la pena no regresar esa tarde a la planta. Miguel y Mauricio hablaron de la necesidad de hacer recorridos por el área, para revisar los dos cualquier asunto referente a calidad o a seguridad. Juntos, elaboraron un par de iniciativas para proponer en la junta gerencial. Hablaron luego del jefe, del director, de sus planes para el futuro, de cómo su alianza potenciaría las capacidades de los dos, y al final, hasta hablaron de sus familias y de la posibilidad de encontrarse un día con las esposas y los niños a comer en el rancho de Mauricio, a media hora de la ciudad.

—Gracias, Miguel –dijo Mauricio al despedirse, mientras se daban un fuerte apretón de manos–. Es la mejor conversación que he tenido en mucho tiempo.

—Gracias a ti. Espero que cumplamos lo prometido. La verdad es que me gusta más vivir en paz que peleando.

—¿Me dejas decirte algo? Veo que has cambiado muchísimo en los últimos tiempos, y te agradezco por haber tomado esta iniciativa.

Los efectos del acuerdo se hicieron notar de inmediato. En pocos días la comunicación mejoró rotundamente, el ambiente de trabajo se distendió, el nivel de confianza se incrementó, Miguel y Mauricio comenzaron a estructurar las iniciativas para la junta con los gerentes y el jefe, y comenzaron a comer juntos, a tener más apertura. Este cese de hostilidades promovió una mejora en el humor del jefe, ante quien Miguel ya no sentía temor. Los que antes le parecían obstáculos infranqueables pasaron a ser objetivos que fluían sin mayor desgaste.

Miguel se había movido internamente y con él lo había hecho todo su sistema. Miguel pasó a ser un verdadero gerente, a actuar como tal, y poco a poco empezó a ganarse el respeto de todos.

CAPÍTULO 23

DISEÑAR LA ESTRATEGIA DEL JUEGO

Después de terminar de hacer los cambios necesarios en su equipo interno, el cliente regresará a su silla inicial y pasará, junto a su coach, a diseñar acciones claras, compromisos concretos y vías de acción diferentes para enfrentar los posibles escenarios.

Todo esto persigue la finalidad de que el cliente salga de la sesión con los recursos suficientes y con la certeza de que alcanzará el éxito en su plan:

Preguntas posibles:

—¿Qué quieres hacer en la situación que estás trabajando?

—¿Qué personaje interno te va a representar ahora?

—¿Qué beneficios obtendrás al activar este personaje en lugar de otro?

Con las preguntas respondidas, se diseñan los pasos concretos a dar.

Ejemplo. El caso de Arturo

Caso del jugador de ajedrez: la estrategia

Situación: Arturo, cliente de coaching en otra empresa multinacional, fue pasando por el proceso de exploración de los personajes, miembros de su equipo interno. Tuvo un par de sesiones en las que poco a poco se dio cuenta del juego que jugaba en la empresa y del tipo de jugador que sus jefes esperaban de él. Descubrió, por ejemplo, que hasta el momento había estado colocado de forma rígida en la polaridad "distante" y su necesidad más imperiosa era buscar la "estabilidad" o permanencia, cuando su jefe lo quería empujar a que se convirtiera en un agente de cambio más activo. Cuanto más empujaba el jefe, más se resistía Arturo. Si esta dinámica continuaba, como al inicio del coaching, en poco tiempo era posible suponer que Arturo saldría de la empresa.

Pasaron varias sesiones antes de que pudiera darse cuenta del juego completo en que se encontraba y de los beneficios y riesgos de su postura. Cuando se ubicó en la última posición, "desde el balcón", encontró de repente la que convertiría en su metáfora personal y al mismo tiempo en su estrategia para ser efectivo.

Para la comprensión de esta estrategia, recordemos el modelo de polaridades de Riemann-Thomann:

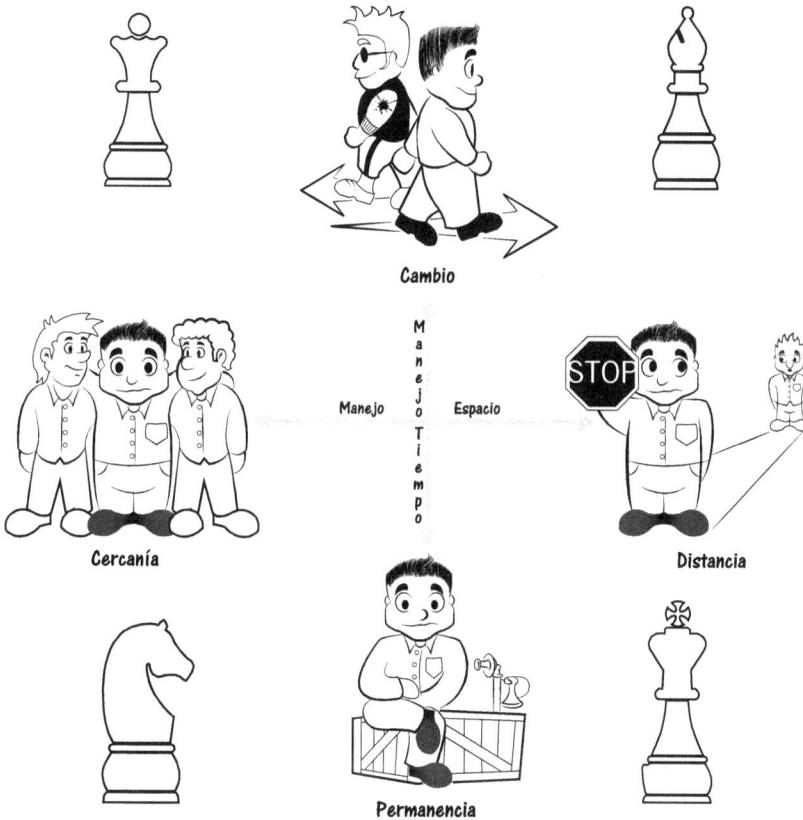

Cambio

Manejo Tiempo

Manejo   Espacio

Cercanía

Distancia

Permanencia

Los cuatro jugadores que a continuación se ilustran, corresponden a las piezas de ajedrez que Arturo consideró que debían jugar en "cada tablero" de este modelo:

1. El juego de la reina, para moverse efectivamente ante el cambio y la cercanía.
2. El juego del alfil, para moverse como un jugador efectivo en el tablero del cambio y la distancia.
3. El juego del caballo, para generar cercanía y estabilidad.
4. El juego del rey, para mantener distancia y estabilidad.

El juego de la reina

Cambio

Manejo Tiempo

Manejo Espacio

Cercanía

Para moverse
efectivamente
ante el cambio y la
cercanía.

Descripción	Flexible, adaptable
¿Cómo se mueve?	Ofrece alternativas de cambio. Propone, encuentra vínculos entre movimientos o eventualidades aparentemente inconexos o que parecen carentes de importancia.
¿Cómo se relaciona con los demás?	La reina es abierta, confía.
¿Cómo toma decisiones?	A corto plazo, porque cualquier movimiento puede hacer cambiar el juego.
¿Cuál es su meta?	Ganar en un escenario cambiante, riesgoso. La reina quiere vivir.
¿Lo que más necesita?	Moverse, y tener siempre alguien que la cubra: necesita de los otros. Necesita colaboración, diálogo, cercanía con su equipo.
¿Cuál es su principal miedo?	Perder. Quedarse sola, sin custodia.
¿Cuándo pierde?	Cuando no toma en cuenta a sus custodios, independientemente del rango que tengan, y se queda sola. (Y cuando no mira y anticipa el juego del otro.)
¿Cómo es su estrategia?	Colaborar, crear alianzas, relaciones de dimensiones significativas. Dar su lugar a cada uno. A nadie desprecia o menosprecia.
¿Cómo es su lenguaje, cómo habla, qué palabras son clave en ella?	Apertura, buscar opciones, optimismo, colaboración, comunicación directa y abierta. No permite que el exterior le afecte. Siempre hay un oponente, pero se centra en armar bien su juego cuando conoce el juego del otro. Habla en el presente, pero piensa en el futuro, en construir la mejor jugada.
¿De qué debo desprenderme para poder jugar el juego de la reina?	Del juego de la estabilidad y la distancia. De las expectativas. Del deber ser. De creer que yo tengo la razón.

El juego del alfil

Cambio

Manejo Tiempo

Manejo Espacio

Distancia

Para moverse como un jugador efectivo en el tablero del cambio y la distancia.

Descripción	Emprendedor. Toma decisiones independientes, pero teniendo en cuenta a los demás.
¿Cómo se mueve?	Propone cambios o ideas, pero de forma más independiente, de acuerdo con su experiencia y sumando la opinión de otras personas. Emprende por sí solo, pero busca apoyo cuando es necesario. Puede ir al otro extremo del tablero si su estrategia así lo requiere.
¿Cómo se relaciona con los demás?	Negociador. Aparece y desaparece. Así puede crear incertidumbre en el oponente.
¿Cómo toma decisiones?	A mediano plazo, y trata de revisar continuamente las alternativas.
¿Cuál es su meta?	Ganar él y su equipo.
¿Lo que más necesita?	Ser independiente, pero apoyado por su equipo. Acercarse cuando él o su equipo lo necesitan. Y alejarse, si hay peligro. Proteger a sus reyes.
¿Cuál es su principal miedo?	Perder él y su equipo. Perder su independencia.
¿Cuándo pierde?	Cuando no desarrolla los proyectos de forma independiente y cuando pierde el orden de su equipo, o a integrantes de su equipo.
¿Cómo es su estrategia?	Desarrollar proyectos, emprender, formar su equipo. Entrar o salir según la situación lo requiera.
¿Cómo es su lenguaje, cómo habla, qué palabras son clave en el alfil?	Innovación, compañerismo, independencia, comunicación directa, equipo, opinión. Intervenir si se lo necesita o alejarse si es momento de replegarse.
¿De qué debo desprenderme para poder jugar el juego del alfil?	De los hábitos y la rutina a toda costa. De creer que solo la lejanía es efectiva. Debo saber que muchas veces debo acercarme.

El juego del caballo

Manejo Espacio

Manejo Tiempo

Cercanía

Permanencia

Para generar cercanía
y estabilidad.

Descripción	Artista del movimiento y del salto. Adaptable a cambios mínimos. En íntima comunicación con sus compañeros de juego.
¿Cómo se mueve?	Brinca por encima de la cabeza de los otros. Constante comunicación para verificar los cambios, una vez hecho el cambio continúa por la misma línea. Los cambios de jugada los hace por consenso, combinado con su experiencia. Busca constante apoyo.
¿Cómo se relaciona con los demás?	Acuerdos, relación. Efecto sorpresa.
¿Cómo toma decisiones?	A corto y mediano plazo. Cumple sus tareas y continúa con la opinión del equipo.
¿Cuál es su meta?	Ser apoyo clave en la estrategia ganadora. En muchas jugadas, es la pieza fundamental para garantizar el jaque mate.
¿Lo que más necesita?	Trabajo en equipo, apoyo, comunicación constante, cercanía de niveles más altos.
¿Cuál es su principal miedo?	Fractura de relaciones entre él y el equipo, y moverse sin sentido por el tablero.
¿Cuándo pierde?	Cuando pierde comunicación con el equipo, cuando pierde el consenso y actúa de forma independiente.
¿Cómo es su estrategia?	Desarrollo de colaboradores en forma de planificación, no tanto de acción. Entablar relaciones en equipos de trabajo.
¿Cómo es su lenguaje, cómo habla, qué palabras son clave en el caballo?	Habla de las relaciones, comunicación, cercanía, interdependencia. Su palabra clave es *equipo*.
¿De qué debo desprenderme para poder jugar el juego del caballo?	Del individualismo, del silencio, de no compartir.

El juego del rey

Manejo Tiempo

Manejo Espacio

ALTO

Distancia

Permanencia

Para mantener distancia
y estabilidad.

Descripción	Estable. Congruente consigo mismo. Poco flexible. Independiente.
¿Cómo se mueve?	Toma las decisiones de forma independiente. Comunicación necesaria. Cambia poco. Se mueve poco. Busca apoyo cuando es necesario.
¿Cómo se relaciona con los demás?	Es el rey. No necesita moverse. Para eso tiene a sus fichas que se arriesgan y dan la vida por él. Vive bastante solo. Otros lo cuidan.
¿Cómo toma decisiones?	A mediano y largo plazo. Mantiene los lineamientos iniciales. Asume pocos riesgos.
¿Cuál es su meta?	Mantenerse en el trono. Que su séquito lo proteja.
¿Lo que más necesita?	Su estabilidad. Su independencia. Su experiencia. La fidelidad y lealtad incondicionales de sus súbditos.
¿Cuál es su principal miedo?	Cambios improvisados, inestabilidad, movimiento, la cercanía del enemigo. Quedar desprotegido sin saber hacia dónde moverse.
¿Cuándo pierde?	Cuando no tiene comunicación con sus más leales súbditos. Cuando la reina lo abandona. Cuando muere la mayoría de sus protectores y queda desamparado ante el enemigo.
¿Cómo es su estrategia?	La estrategia de la tradición, los valores, la lealtad incondicional en las relaciones. Confiar en las capacidades y la visión del propio equipo.
¿Cómo es su lenguaje, cómo habla, qué palabras son clave en el rey?	Independencia, congruencia, estabilidad, relaciones duraderas. Lealtad. Mantenimiento de las tradiciones.
¿De qué debo desprenderme para poder jugar el juego del rey?	De la desconfianza. De creer que soy independiente y no necesito a los demás.

¿Para qué le sirvió a Arturo elaborar esta estrategia? Para él fue su oportunidad de aprender a flexibilizarse y salir de su rigidez inicial. Se dio cuenta de que si quiere ser efectivo con jugadores colocados en los polos opuestos al suyo, él necesita moverse "con otra pieza". Es decir, necesita adaptar su juego y su forma de actuar a los distintos jugadores. Además, necesita alinear cada jugada para garantizar el éxito en todas.

Con el caso anterior se ilustra la importancia de adquirir primero una mirada estratégica, para elegir el juego que se quiera jugar y los jugadores que se pondrán en el tablero. Luego se realiza el trabajo más fino de planear acciones concretas, como conversaciones con personas clave, toma de decisiones, preparación de juntas clave que le ayuden al logro de sus resultados o lo que el cliente descubra que necesita emprender para salir de su área de comodidad. Es necesario verificar que las acciones planeadas legitimen y honren la intención, la estrategia y sobre todo la propia identidad del cliente. ¿Quién quiere ser en ese juego?

CAPÍTULO 24

EL RELEVO

—Hola.

—¿Habla la coach?

—Sí, ¿con quién hablo?

—Soy la esposa de Miguel.

—¿La esposa de Miguel? ¿Y a qué debo el honor?

—Él no sabe que te estoy llamando. Tomé el número de su Blackberry.

—¿Pasa algo?

—Es que yo te quiero agradecer.

—¿Agradecerme?

—Sí. Mira, yo no sé si esto del coaching le esté sirviendo o no para su trabajo, pero lo que sí te puedo decir es que desde que él empezó a ir contigo, esto… desde antes de que pasara… lo de mi cuñado y su hijo, desde antes, él empezó a ser otro acá, en casa.

—¿Otro?

—Sí. Siento que me has devuelto a mi marido, al Miguel con el que me casé. Desde que empezó en el coaching… es otro.

—¿Y qué hace distinto?

—Todo. Antes nada más me decía que sí a todo, pero no hacía nada más que estar en el Blackberry resolviendo asuntos de la planta hasta la medianoche. Casi no hablaba. Encendía la tele y ni siquiera convivía con los niños. Todo el día se lo pasaba fastidiado, quejándose en voz alta pero sin decirme nada. Bueno, ni siquiera me miraba, tú sabes. Me podía pintar el pelo de azul que ni cuenta se daba.

—¿Y ahora?

—Está llegando temprano por primera vez en su vida. Antes de la cena está apagando el Blackberry y dice que su gente debe saber resolver lo que venga. Juega con los niños. Saca la guitarra y les canta. Está aquí, ¿sabes? Me refiero al cuerpo y a la mente. La verdad es que no me cuenta nada de lo que pasa en las sesiones contigo, pero el día que tiene sesión llega todavía mejor que la vez anterior. Por eso, en verdad, te agradezco de todo corazón.

—Muchas gracias. Aprecio enormemente tu llamada y espero que cada día estén aún mejor.

—Te quiero pedir un favor: no le digas que te llamé. Que esto quede entre nosotras.

—Muy bien, no le diré nada.

INFORME FINAL
DEL
PROCESO DE COACHING

Miguel Hernández Pérez

Meta general del proceso

Ser líder de líderes, para lo cual era necesario corregir los siguientes puntos, que estaban bajos en la evaluación inicial:

- Logra, a través de la gestión de su equipo, que todos estén alineados tras un mismo objetivo.
- Coordina acciones efectivamente dentro de su área y con otras áreas.
- Es capaz de establecer prioridades de trabajo.
- Mantiene la calma y la confianza aún bajo presión y cuando se enfrenta a situaciones que parecen difíciles.
- Habla de los problemas de forma abierta y transparente.
- Hace un balance entre las actividades cotidianas y la visión a largo plazo.
- Se anticipa y facilita la resolución de conflictos.
- Motiva a la gente para que trabaje en equipo.

1. Situación inicial: condiciones en las que inicié el proceso

Cuando llegué a la primera sesión, me sentía con mucho peso sobre los hombros, muy presionado por el trabajo, pensaba en si podría o no con el paquete, si era la persona idónea para el puesto. Tenía desconfianza de mí mismo y de los otros. Además, me sentía en un ambiente hostil, como una víctima de la situación. Sentía que no podía formar un equipo con nadie, que se complicaban las cosas y que me iba a hundir solo. Me sentía muy solo con toda la adversidad, quería atenderlo todo y no solucionaba nada.

197

En términos generales, enfrentaba lo siguiente:
- Falta de sistema para resolver problemas.
- Alto grado de estrés personal por creer que todos estaban contra mí.
- Desconfianza hacia los demás (mala comunicación, sobre todo con mis pares y con mi jefe).
- Falta de trabajo en equipo.
- Atendía todo y nada resolvía.

2. Situación deseada: meta, lo que buscaba lograr

En primer lugar, tener conciencia de dónde estoy parado, adónde me quiero mover y tener más claro cuál es mi labor en la organización. Un objetivo importante era apropiarme de mi papel de gerente y de mi visión de crecimiento en la empresa. Reflexionar sobre la responsabilidad que esto implica y no solo saber que tengo el perfil adecuado para el puesto en que me encuentro, sino que debo ver hacia adelante y saber que necesito desarrollarme para estar a la altura de un gerente de manufactura.

Dentro de los objetivos más concretos que me propuse en el proceso, estuvieron:
- Generar una disciplina en la revisión de información y generación de planes.
- Seguimiento y cumplimiento del plan.
- Involucrar a todos los integrantes de mi equipo.
- Mejorar la comunicación, sobre todo con los colegas de mi nivel y con los jefes.
- Generar compromisos y participación.
- Enfatizar beneficios en las personas, para que deseen moverse y sean responsables.
- Cumplir, mantener y generar nuevos compromisos, tanto personales, como con los demás gerentes y con mi jefe.
- Y uno de los principales objetivos, antes que los demás, era reconocer cuáles eran mis áreas de oportunidad en mi liderazgo para poder cambiarlas.

3. Desarrollo del proceso: ¿qué encontró en el camino? ¿Qué evidencias de avance hubo?

Fui llegando al acercamiento con mis pares y con quienes debía convertir en aliados para llegar a mi objetivo.

Empecé a ver que tenía que juntarme con otros, no para que ellos lograran sus objetivos, sino para poder lograr los míos.

Empecé a ser disciplinado y no solo una vez. He ido aprendiendo a ser consistente para poder mantener los resultados, y estoy convencido de lo que hago y de lo que digo que quiero hacer.

Si no estoy convencido y le hago ver al otro el beneficio mutuo del trabajo en equipo, poco a poco él también se va desprendiendo de las losas que va cargando.

Me di cuenta de que era por el camino de la colaboración que iba a salir de la situación inicial en la que me encontraba. Durante el proceso también me di cuenta de que si yo hacía esto, el principal beneficiado sería yo, de manera personal y profesional. El ejemplo más importante fue la relación con Mauricio, que era la más conflictiva que tenía. Ahora colaboramos y trabajamos en equipo.

Algo importante fue cambiar mi forma de percibirme dentro de la empresa. Entendí que no iba a poder yo solo. Entendí mi rol. Tenía que cambiar mi manera de pensar, tenía que poner de mi parte más recursos y esto implicaba acercarme, mostrar apertura y confianza en los demás.

Esto fue decisivo. Tenía que entender y hacer entender que debemos trabajar para un fin común, que estamos en un mismo barco y que las cosas, con simplemente tener un mejor ambiente, iban a mejorar.

4. Resultados

- Mejorar el desempeño. He promovido de forma sistemática el seguimiento de los planes y procesos, aun cuando sigue habiendo áreas de oportunidad.

- Fue como en cascada: primero estructurar, luego trabajar en equipo y tener a mano la información: qué pido, en qué quiero que me ayuden. Yo hago de filtro. Establecemos las prioridades y con esa base vemos hacia dónde mover los recursos y el esfuerzo, porque tengo una mejor visión de lo que sucede.

- Reafirmar la posición de gerente.

- Ampliar mi visión sobre mí mismo, sobre mi puesto, sobre mis potencialidades y sobre mi carrera en el futuro en Teile-x.

- Cambiar de posición: de haber estado creyendo que cargaba yo solo con el mundo y agobiado por los problemas, a verme ahora como un gerente competente, eficaz, que toma decisiones y es dueño y responsable de sus resultados.

- Dirigirme a lograr objetivos de forma eficiente y consistente. El fundamento: estar convencido de que tenemos que realizarlo en equipo.
- Lograr integración, mejorar el ambiente de trabajo. Cambió de forma sustancial mi relación con los demás gerentes y con mi jefe, y gracias a eso es mucho más fácil lograr acuerdos, buscar el bien de Producción y coordinarnos.
- Liberarme de temas personales que me estaban estorbando para ser realmente efectivo y crecer.

5. Valor agregado: ¿qué valor agregó este proceso a mi efectividad personal y laboral?

- Ahora me siento mucho más en confianza con el equipo. Me siento en un ambiente más propicio para mostrar capacidades, ideas y sugerencias, que antes callaba por la desconfianza que tenía.
- La confianza ha mejorado mucho el trabajo en equipo. El darme la oportunidad de fallar, de no perderme en la idea de que si no lograba algo dejaba de tener valor como persona, sino al revés: si algo salió mal, redoblar el esfuerzo y concentrarme en el trabajo para que no me vuelva a pasar.
- El valor del aprendizaje. Tener bien claro, durante todo el proceso, cómo empecé: era inconsciente de mis incompetencias. Mientras que ahora estoy trabajando para hacer inconscientes mis competencias, porque se volvieron hábitos.
- El valor de descubrir mis propias capacidades.
- Aprendí también que si quiero, puedo trabajar con otra persona, aún si es alguien difícil.
- Aprendí lo que significa, en los hechos, no solo ser líder, sino líder de líderes.

6. Metas y objetivos posteriores al proceso de coaching

- Mantener la estructura y el sistema para la solución de problemas sistémicos y que no son de fácil solución. Incluir siempre

las áreas que me puedan ayudar a solucionar y afianzar la estructura de la solución. No pensar en resolver todo yo solo.
- Tener mucha más cercanía y diálogo con mi jefe, tanto sobre planes, como sobre los objetivos diarios que se trabajan.
- Tener mayor seguridad en mi toma de decisiones.
- Seguir manejando cada vez mejor el estrés.
- Seguir aprendiendo constantemente, para ir adquiriendo todas las competencias de liderazgo propias de un líder de líderes.
- Ser congruente con lo que estoy haciendo y declarando aquí. Si pido apertura a los demás, ser también abierto. Ese es mi compromiso: ser congruente.

En la misma sala que se utilizó al inicio del proceso, se reunieron Miguel, el gerente de Planta, la gerente de Recursos Humanos, el jefe y la coach.

—Pues bien, Miguel, estamos ahora ya aquí cerrando –dijo Von Stockelsdorf–. Muy rápido pasaron seis meses. Primero que nada, quiero decirte que te *gradezco* hayas quitado la música del altavoz. Aunque ya dije cuando lo hiciste, pero entiendo que esto fue algo como parte de tus sesiones de coaching. Ahora trabajo más en paz y creo que para todos fue un gran beneficio. Pues entonces, no perdamos tiempo. Yo he visto otras cosas en ti que han cambiado, pero primero tú eres el que tiene que hablar. ¿Qué vas a presentar?

Miguel sonrió. A continuación, se puso de pie. Sin miedo y sin prisa, con todo el dominio personal de un director técnico, se colocó junto a la imagen proyectada en la pantalla que mostraba el mismo gráfico que había hecho para la sesión de seguimiento. Como un solista justo antes de comenzar a cantar, inhaló profundamente, miró a cada uno de los presentes y dijo:

—En el documento escrito que acabo de entregar está toda la descripción del proceso y de los aprendizajes. Y para exponer aquí, creo que es suficiente con este gráfico que elaboré y en donde condenso todo lo que ha significado este proceso de coaching para mí. Como ustedes podrán apreciar, ninguna de las cuatro barras está en el 100, porque creo que mi aprendizaje continúa.

—Me gusta que no te colocas un cien, habla de que tienes autocrítica y puedes aún mejorar –interrumpió Stockelsdorf–. Me gusta este gráfico claro y concreto. Yo, como alemán, no confío cuando alguien califica todo en cien. Si tienes cien, ya no hay posibilidad de mejorar; y todos tenemos cosas para mejorar, pues no somos perfectos, aunque seamos perfeccionistas. Pero continúa, por favor. Disculpa, te interrumpí.

Miguel habló durante diez minutos. Al final, agradeció y pidió retroalimentación a los presentes.

Seguimiento de coaching a Miguel Hernández

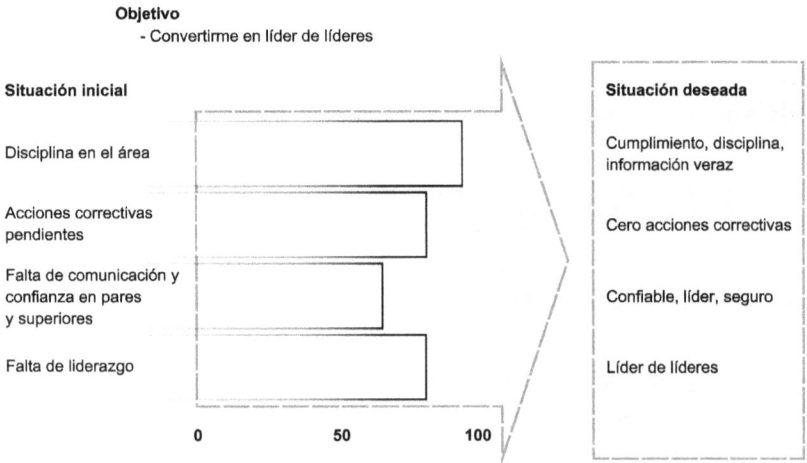

Objetivo
- Convertirme en líder de líderes

Situación inicial		Situación deseada
Disciplina en el área		Cumplimiento, disciplina, información veraz
Acciones correctivas pendientes		Cero acciones correctivas
Falta de comunicación y confianza en pares y superiores		Confiable, líder, seguro
Falta de liderazgo		Líder de líderes

0   50   100

Von Stockelsdorf tomó primero la palabra.

—Yo puedo decir lo que he visto. En las juntas he visto otro Miguel que el que conocía. Ahora veo que te plantas al frente y todos te miran. Y me haces recordar mi propio coaching, pues ahí yo también aprendí a pararme ante un grupo y hablar. Ahora yo digo "este es un gerente", cuando respondes con información correcta y precisa. Ahora yo pienso que tú tienes control en tu área y veo disciplina reflejada en el orden y las 5's[1]. Muy bien, Miguel, yo estoy muy contento con tu resultado. Sabes que yo puedo apoyarte cuando necesitas, aunque también tienes tu jefe y no quiero yo saltar la línea. Te pido por favor me *envías* solo esta presentación, no necesito otro informe.

Después Stockelsforf dirigió la mirada hacia el jefe de Miguel y preguntó:

—¿Tú tienes algo para decir? ¿Qué cambios has visto en Miguel?

—Debo ser muy sincero. Al principio del proceso dudaba mucho acerca de si Miguel era la persona idónea para el puesto al que se lo quiere ascender. Ya me estaba dando por vencido. Ahora me parece como si hubiera pasado mucho más tiempo, de tantas cosas que han cambiado. Debo reconocer que he aprendido mucho de ti, Miguel, y que admiro tu forma de salir al ruedo en este reto, aún cuando pasaste por una situación tan difícil como la que sucedió con lo de tu hermano. No te caíste y seguiste adelante, hasta tal vez con más fuerza. Ahora veo el área mucho más integrada. Ahora sí los veo como un equipo, y también hay más respeto y colaboración entre todos. Espero que sigamos con esta relación cercana,

---

1. Las cinco eses se refieren a un método de práctica de calidad ideado en Japón y referido al mantenimiento integral de la empresa, no solo a la maquinaria, equipo e infraestructura sino también al entorno de trabajo en general. Su nombre proviene de los cinco conceptos fundamentales que, en japonés, son: 1. Seiri (Clasificación y Descarte: ¿qué podemos tirar, guardar o reciclar?), 2. Seiton (Organización: ¿cuál es el mejor lugar para cada cosa?), 3. Seiso (Limpieza: ¿Cómo puedo mantener esto limpio siempre?), 4. Seiketsu (Higiene e Imagen: ¿los carteles y avisos son adecuados y crean un ambiente motivador y agradable?) y 5. Shitsuke (Disciplina y Compromiso: ¿qué queremos hacer? ¡Vamos a hacerlo!).

que siempre que necesites algo te acerques a mí, y sobre todo, que lo que has estado construyendo se mantenga en el tiempo –miró a la coach–. Yo no sé qué hiciste, pero empezó el proceso uno y salió otro. Bueno, y ahora ¿cómo dijiste que vas con el inglés, Miguel?

—Es una prioridad ahora. No he faltado a clase en todo el último mes.

—Buen punto tocas –dijo Von Stockelsdorf–. Pensando en ahora yo ayudarte con tu inglés he pensado que cuando vengan visitas del *co-porativo* tú vas atenderlos. Encargaré a ti de llevarlos a comer y cenar para forzar tu inglés, y yo ni tu jefe vamos ir *para tú practiques*. ¿De acuerdo? Creo esto además te dará visibilidad, que necesitas mucho para te conozcan ellos también. Y ahora tú, coach, ¿quieres decir algo también?

—Pues que es el momento de hacer el relevo. Un coach tiene como característica estar de paso, y ustedes ahora se encargarán de dar seguimiento y mantener los resultados de forma consistente, con el fin de que Miguel siga desenvolviéndose en este proceso de convertirse en líder de líderes. Me siento honrada de haber tenido el privilegio de acompañarte, Miguel. Eres un ser humano extraordinario y estoy segura de que vas a poder enfrentar cualquier reto que la empresa requiera. Ahora veo que tienes mucho más claro quién eres, de qué eres capaz, qué quieres y cómo necesitas relacionarte, tanto con tu gente como con los demás miembros de la organización, para ser el líder más efectivo que puedes ser.

Mirando al jefe y a Von Stockelsdorf, añadió: —A ustedes les agradezco haber confiado en el potencial de Miguel y haber apostado a su crecimiento para que él descubriera ese líder que llevaba dentro y decidiera tomar el mando. Es claro que no se trata de entrar en un cuento de hadas donde "todos vivieron felices para siempre". Así no es la vida. En este momento, Miguel, estamos aquí porque diste pasos fundamentales para convertirte en aquel que quieres ser. Y debes tener presente que se te seguirán presentando obstáculos, enemigos y demonios internos. Los irás enfrentando y venciendo, siempre y cuando tengas claro quién eres y quién deseas ser en cada una de las circunstancias que la vida te presente. Y por último, me gustaría recordar un punto que alguna vez conversamos en una sesión y que es aplicable a todos nosotros: que lo que sea que hagamos, donde sea que nos encontremos, seamos capaces de disfrutarlo. ¿Se imaginan ustedes cómo sería esta empresa si todos estuvieran centrados de manera consciente en dar lo mejor de sí mismos porque son felices trabajando aquí?

Cinco meses después de terminado el proceso de coaching, Miguel le escribió a su coach para contarle que había sido elegido para un cargo en Estados Unidos. Estaba feliz.

REFLEXIONES FINALES

• Mientras más aplico en mi práctica de coaching el Modelo del equipo interno, más bondades le descubro. Lo he implementado exitosamente con clientes muy diversos, entre los que se encuentran gerentes en situaciones más o menos similares a la de Miguel; con europeos, sudamericanos, asiáticos, africanos y mexicanos; con mujeres amas de casa, con psicólogos, profesores universitarios, funcionarios de gobierno y con coaches profesionales.

• El Modelo del equipo interno ofrece al cliente una vía accesible de mirarse a sí mismo y de descubrir en su interior los obstáculos que le impiden la efectividad en su vida.

• Al inicio del proceso, algunos clientes muestran limitaciones en el grado de conciencia sobre sí mismos y sobre el impacto de su actuación en los otros. Su mirada y sus oídos están centrados exclusivamente en la realidad fuera de sí mismos. Su lenguaje se centra en hablar de otros, o en hablar demasiado. Esto implica mayor dificultad de contactar su vida interior. Es como si necesitaran primero dar ciertos pasos previos en el desarrollo de su conciencia, para después poder conectar con su vida interior y descubrir ahí el origen de sus conflictos con el exterior. Para este tipo de cliente, el Modelo del equipo interno ha resultado exitoso. Solo hay que estar atento al momento y a la disposición de cada persona.

• El trabajo con esta metodología es especialmente útil para que el cliente aprenda a manejar su vida emocional y deje de ser prisionero o esclavo de sus impulsos. El convertir en "personaje" interno a una expresión emocional y poner a ese personaje a dialogar con el cliente como si fuera otra persona es un recurso muy útil –y de amplio uso en disciplinas afines– para que el cliente se distancie, se *desidentifique* y se dé cuenta de que vivir esa emoción es tan solo una de las múltiples manifestaciones de su personalidad. Es decir, darse cuenta de que él es mucho más grande que ese personaje y de que estar por encima del personaje le otorga el poder de decidir dónde lo quiere colocar, en qué tipo de jugada le resulta útil y cuándo es mejor guardarlo en la reserva.

• "Esto nunca lo había pensado", "esto es algo muy profundo", "esto es algo nuevo para mí", "yo no sabía que tenía este personaje viviendo dentro de mí", "nunca me había dado cuenta de que tengo una voz que me dice cosas", "es la primera vez en mi vida que veo que es posible hacer algo por manejar mi enojo / mi timidez / mi ansiedad", "esto nunca jamás a nadie se lo había dicho", son algunas de las muchas formas en que los clientes describen su sorpresa y el impacto de observar su equipo interno.

• El trabajo con el equipo interno está íntimamente unido al modelo de comunicación que traduje –del alemán *Das Kommunikationsquadrat*– como *El cuarteto de Schulz*, ya que proporciona la pauta de la indagación por cuatro vías que garantizan la comunicación íntegra de un evento, una meta, un personaje.

• El origen último de nuestros personajes es el miedo. Nadie se quiere sentir frágil o vulnerable y creamos todo un sistema de protección que nos cuida de la amenaza de no cubrir nuestras necesidades básicas. En la medida en que el cliente va teniendo acceso a su equipo interno, descubre lo que se encuentra sabiamente oculto bajo sus actos y lo conduce a formas de actuar poco efectivas y polarizadas. Cuando se atreve a levantar la primera capa y "mirar", abre la puerta al aprendizaje transformador que lo conducirá hacia modos de relacionarse más íntegros.

• Para el coach se presenta el reto de trabajar primero con su propia vida interior, sus protectores y sus miedos. De lo contrario, será ciego a la vida interna de sus clientes. Si en otros enfoques o metodologías el coach puede mantenerse "al margen" de lo que sucede con su cliente, en el trabajo con el equipo interno eso no es posible. Requiere un profundo compromiso consigo mismo.

• Lo esencial es saber que este modelo es extremamente poderoso. Es efectivo desde la primera vez que se implementa.

• Cuanto más poderosa es una herramienta, más cuidado se debe tener al usarla. Antes de utilizarla hay que estar seguro de que se la sabe manejar. Estar libre de miedo y vanidad. El coach debe asumir la responsabilidad que implica acompañar a un cliente desde su equipo interno. Hay que tenerle respeto a la metodología. No se trata de una receta de cocina. Se trata de un abordaje serio y profundo para facilitarles a los seres humanos una forma más consciente de relacionarse consigo mismos, con los roles que desempeñan y con otras personas.

• Una vez experimentado en carne propia, este modelo genera adicción. No hay vuelta atrás.

¿Qué escenarios se abren ahora?

La maestría en la aplicación del Modelo del equipo interno solo es posible si el coach se atreve a explorar dentro de sí mismo para encontrar conexiones entre partes aparentemente desvinculadas. En su vida todo tiene que ver con todo y todo se relaciona con los demás. No es posible "borrar" u "olvidar" energías de sí mismo, pues aparecen por la "puerta de atrás" al primer descuido. (No nos vaya a suceder como al personaje de Tom Cruise en la película *Magnolia*: un caso muy claro de alguien prisionero de las voces que se empeñaba en negar.) Trabajar con este modelo es hacer un ejercicio de reunificación, de reintegración y alineación de partes internas que nos parecía que nada tenían que ver unas con las otras.

El coach también necesita estar atento a las conexiones entre él mismo y el cliente, las que tiene con su contexto social, con lo que sucede en Medio Oriente, con el cambio climático. Hechos que sucedieron siglos atrás en otro continente pueden dar luz a nuestra forma actual de comportarnos. Todo se encuentra relacionado con todo, aunque no nos convenga darnos cuenta. La teoría de sistemas, la biología molecular y la física cuántica vienen dando desde hace tiempo evidencias científicas al respecto. Pero este saber referido a un mundo donde cada parte y cada ser está conectado con el todo y lo afecta es milenario. Se lo encuentra en escritos que datan de dos mil quinientos años atrás.

En mi experiencia, he descubierto que el principio en que operan estas conexiones va de lo general a lo particular, de lo superficial a lo profundo, del bullicio al silencio. De la máscara exterior al alma humana. Del protector que vive en una lucha continua, al "maestro interior" que es vencedor siempre sin necesidad de combatir.

Mientras más profundo se llega, más conciencia y mayor conectividad se adquiere. Implica adentrarse en capas cada vez más ocultas para después poder salir a la luz con un nivel superior de conciencia. Lo cierto es que mueve al individuo desde el interior a llevar una vida más plena. Una vida con sentido, rumbo y propósito. Con deseo de congruencia.

Como voz formada por un número indefinido de voces, la del coaching necesita seguirse alimentando, creciendo y afianzando en los sistemas humanos en que se desenvuelve. De ahí que la investigación se abre como un campo importante que posibilitará avanzar en el arte, la ciencia y la práctica del coaching como profesión. Investigar en aquello que queda oculto. Ser capaz de "ver" para transformar el mundo en un lugar digno de ser recibido por las generaciones que nos siguen. Rescatar de culturas milenarias su sabiduría para entender formas actuales de comportarnos, en lugar de pretender "inventar" un hilo negro que fue descubierto hace siglos.

Justo una de las tentaciones en las que yo misma caí con el coaching fue la de volverme insaciable ante "lo novedoso". Y en esta búsqueda desde un personaje ávido de estímulos externos que nunca resultaban suficientemente buenos o útiles, no me di cuenta de que el problema no eran estos estímulos, sino la expectativa exagerada que ponía en ellos. Los budistas lo llaman "apego" a creer que algo que se encuentra fuera de mí será una fuente inagotable de satisfacción o de placer, de efectividad, de conocimiento o de felicidad. Y no. Cuando profundicé y toqué fondo gracias a la aplicación del equipo interno, dejé esa búsqueda de estímulos externos, porque "vi" que lo que necesitaba era una inmersión al fondo de mí misma.

El escenario que ahora se abre para mí es tan amplio y tan vasto como la propia historia de la humanidad.

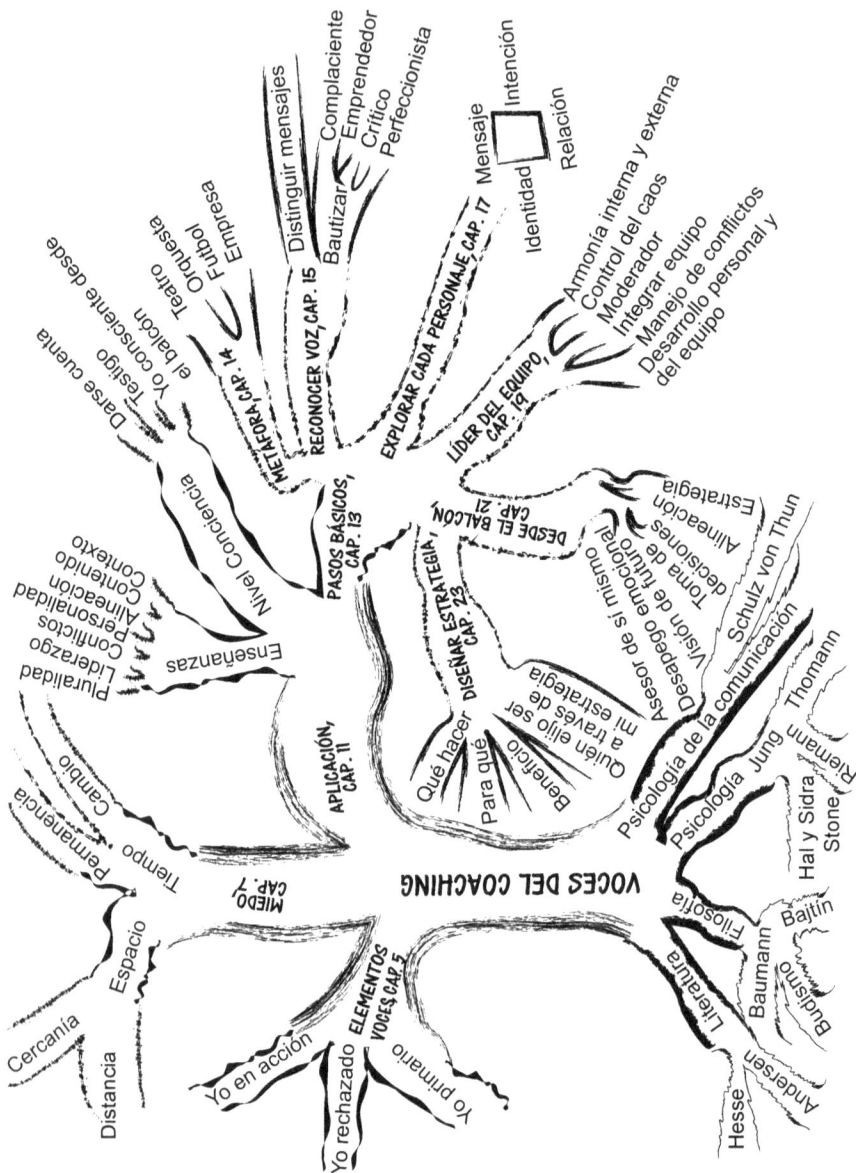

REFERENCIAS BIBLIOGRÁFICAS

Alejos García, José: "Identidad y alteridad en Bajtín", *Acta Poética, 27 (1)* Primavera. Universidad Nacional Autónoma de México, 2006.

Andersen, Hans Christian: *Cuentos.* Fratelli Fabbri Editori, Milán, 1961.

Bajtín, Mijaíl: *Yo también soy. Fragmentos sobre el otro.* Editorial Taurus, México, 2000.

Bajtín, Mijail: *Estética de la creación verbal.* Siglo XXI, México, 1982.

Bauman, Zygmunt: *44 cartas desde el mundo líquido.* Paidós, Buenos Aires, 2011.

Boff, Leonardo: *El águila y la gallina: cómo el ser humano se hace humano.* Ediciones Dabar, México, 1999.

Bojórquez, Mario: "Fernando Pessoa: El hombre multitudinario". *Círculo de Poesía,* Revista electrónica de literatura. Septiembre de 2009.

Bubnova, Tatiana: "Voz, sentido y diálogo en Bajtín". *Acta Poética 27,* Primavera. Universidad Nacional Autónoma de México, 2006.

Erhard, Werner: *The Heart of the Matter.* San Francisco (set de 3 audiocassettes), 1984.

Fischer-Epe, Maren: *Coaching: Miteinander Ziele erreichen.* Rohwolt Verlag. Hamburgo, 2007.

Hesse, Hermann: *El lobo estepario.* Alianza Editorial, México, 1998

Hölderlin, Friedrich: *Poesía completa.* Ediciones 29, España, 2005.

Jung, Carl: *Psicología y religión,* Paidós Ibérica, Barcelona, 2004.

Nietzsche, Friedrich: *Ecce Homo: Cómo se llega a ser lo que se es.* Alianza Editorial, Madrid, 2005.

Riemann, Fritz: *Grundformen der Angst. Eine Tyfenpsychologische Studie.* Reinhardt Verlag, Munich, Basilea, 1989.

Schulz von Thun, Friedemann: *Das innere Team in Aktion.* Rohwolt Sachbuch, Hamburgo, 2004.

_____: *Miteinander reden 3: Das innere Team und Situationsgerechte Kommunikation.* Rohwolt Verlag, Hamburgo, 2005.

_____: *Miteinander reden: Kommunikationspsychologie für Führungskräfte.* Rohwolt Taschenbuch, Hamburgo, 2007.

Stone, Hal y Sidra: *Embracing your Inner Critic: Turning Self Criticism into a Creative Asset.* Harper San Francisco Editions, San Francisco, 1991.

_____: *Voice dialogue basic elements: Relationship and the Psychology of Selves.* Nataraj Publishing, California, 2007.

_____: *Embracing Heaven and Earth: a Personal Oddissey.* Delos, Inc. Albion, California, 2009.

Thomann, Christoph, *Klärungshilfe 2: Konflikte im Beruf,* Rohwolt Taschenbuch, Hamburgo, 2004.

Vygotsky, Lev: *Pensamiento y lenguaje.* Paidós, 1978.

Wertsch, James: *Voces de la mente.* Paidós, Buenos Aires, 1993.

www.ingramcontent.com/pod-product-compliance
Lightning Source LLC
Chambersburg PA
CBHW070527200326
41519CB00013B/2960